上海智库报告文库

SHANGHAI ZHIKU BAOGAO WENKU

上海 IP

全球城市形象数字传播与文化创新发展

徐剑　钱烨夫　著

上海人民出版社

编审委员会

序

　　智力资源是一个国家、一个民族最宝贵的资源。建设中国特色新型智库，是以习近平同志为核心的党中央立足新时代党和国家事业发展全局，着眼为改革发展聚智聚力，作出的一项重大战略决策。党的十八大以来，习近平总书记多次就中国特色新型智库建设发表重要讲话、作出重要指示，强调要从推动科学决策、民主决策，推进国家治理体系和治理能力现代化、增强国家软实力的战略高度，把中国特色新型智库建设作为一项重大而紧迫的任务切实抓好。

　　上海是哲学社会科学研究的学术重镇，也是国内决策咨询研究力量最强的地区之一，智库建设一直走在全国前列。多年来，上海各类智库主动对接中央和市委决策需求，主动服务国家战略和上海发展，积极开展研究，理论创新、资政建言、舆论引导、社会服务、公共外交等方面功能稳步提升。当前，上海正在深入学习贯彻习近平总书记考察上海重要讲话精神，努力在推进中国式现代化中充分发挥龙头带动和示范引领作用。在这一过程中，新型智库发挥着不可替代的重要作用。市委、市政府对此高度重视，将新型智库建设作为学习贯彻习近平文化思想、加快建设习近平文化思想最佳实践地的骨干性工程重点推进。全市新型智库勇挑重担、知责尽责，紧紧围绕党中央赋予上海的重大使命、交办给上海的重大任务，紧紧围绕全市发展大局，不断强化问题导向和实践导向，持续推出有分量、有价值、有思想的智库研究成果，涌现出一批具有中国特色、时代特征、上海特点的新型智库建设品牌。

"上海智库报告文库"作为上海推进哲学社会科学创新体系建设的"五大文库"之一，是市社科规划办集全市社科理论力量，全力打造的新型智库旗舰品牌。文库采取"管理部门＋智库机构＋出版社"跨界合作的创新模式，围绕全球治理、国家战略、上海发展中的重大理论和现实问题，面向全市遴选具有较强理论说服力、实践指导力和决策参考价值的智库研究成果集中出版，推出一批代表上海新型智库研究水平的精品力作。通过文库的出版，以期鼓励引导广大专家学者不断提升研究的视野广度、理论深度、现实效度，营造积极向上的学术生态，更好发挥新型智库在推动党的创新理论落地生根、服务党和政府重大战略决策、巩固壮大主流思想舆论、构建更有效力的国际传播体系等方面的引领作用。

党的二十届三中全会吹响了以进一步全面深化改革推进中国式现代化的时代号角，也为中国特色新型智库建设打开了广阔的发展空间。希望上海新型智库高举党的文化旗帜，始终胸怀"国之大者""城之要者"，综合运用专业学科优势，深入开展调查研究，科学回答中国之问、世界之问、人民之问、时代之问，以更为丰沛的理论滋养、更为深邃的专业洞察、更为澎湃的精神动力，为上海加快建成具有世界影响力的社会主义现代化国际大都市，贡献更多智慧和力量。

中共上海市委常委、宣传部部长　赵嘉鸣

2025 年 4 月

目　录

前　言

　　城市形象是一个在历史实践中不断演进和建构的动态概念，它既是国家形象的重要组成，也是城市文化软实力的具体表现。在数字技术飞速发展并深度嵌入社会环境的背景下，数字媒介无疑已经渗透到城市传播活动的方方面面，并且对城市形象的国际表达产生了深刻影响，加速了城市形象传播模式的变革，表现为内容多模态化、渠道平台化、主体多元化等特征。今天，媒介不仅与城市深度融合，更从各个层面参与到城市形象的塑造过程之中。媒体内容生产与个体基于数字平台的传播行为，都会潜移默化地影响城市形象的形塑，并使城市形象快速地转向一种数字化的形态。城市的数字形象来源于数字空间中多元主体共同参与形塑的数字表征，代表了媒介与城市空间的深度融合，是传者与受者共同作用的形象复合体。具体而言，城市形象的蝶变主要表现在形象本身的数字化和传播过程的数字化两个方面。

　　首先，从数字化的视角审视形象，数字技术为城市带来了更为丰富和充满活力的展现形式。除了海量的图片、视频、音频等多模态媒介形式赋予城市形象新的表现方式以外，基于虚拟现实和增强现实等数字技术，越来越多的城市形象在虚拟环境中被数字化创造。例如，百度开发的希壤元宇宙底座 MetaStack，搭建了一个能够使不同主体在元宇宙世界完整、动态呈现城市形象的数字平台。这些数字化的城市形象已经超越了传统的静态符号或视觉表现，演变为一个动态的、交互性强的数字生态系统，极大地提升了城市形象的吸引力和感染力。而从数字化传播的角度看，数字平台和社交媒体的广泛传播已经深刻地改变了城市形象的传播方式。传统的从上到下、单向的信息传播方式正在逐步被更多的互动和"人人"共同创造共享的策略所替代。全球任何一座城市的居民、游客、政府、投资者等不同主体都有机会成为城市形象的推广者和塑造者，可以通过各种社交媒体来分享自己在城市中的体验和感受。这种去中心化的信息传播手段让城市的形象变得更为丰富和多样，同时也使得人们对城市的感知更具真实性和灵活性。大数据和人工智能技术的广泛应用让城市有能力精确地定位其目标受众，基于算法实现个性化的数字传播，从而提升城市形象的精准传播效果。可以说，在数字时代，城市形象传播助推城市软实力提升的核心，就在于城市形象的数字传播。通过数字传播，城市得以实现数字化生存和表达，并通过互联网海量的内容生产与输出，潜移默化地影响城市在全球民众心中的形象。

城市 IP 是根植于城市自身特色，向外界传递城市个性特征的具象符号，也是城市形象数字传播过程中最具代表性的传播"标签"，对于促进城市数字形象提升、加快推动城市数字化转型具有重要意义。数字时代的全球城市 IP 传播具有以下特征：一是媒介化。数字时代全球城市 IP 的涌现具有一个共性化的特征，即城市 IP 的孕育与成长几乎全部根植于社交媒体平台的土壤，尤其是以短视频 App 为代表的算法推荐型社交媒体。这类平台以根据用户喜好精准推送的算法推荐模式为内容分发机制，充分迎合了个体对于新鲜有趣、可"打卡"、可体验的精彩城市生活的需求，常常通过具有视觉吸引力、冲击力的内容在短时间内吸引大量用户关注。美国最负盛名的音乐节之一科切拉谷音乐艺术节（Coachella Valley Music and Arts Festival，简称科切拉音乐节）每年在位于加州的印第奥市（Indio）举办，是全球规模最大、最知名及盈利最高的音乐节。其运营方在 Facebook、X（原 Twitter）、Instagram、YouTube、Snapchat、TikTok 等社交媒体平台均开设了音乐节官方账号，并与社交媒体中的关键意见领袖（Key Opinion Leader，简称 KOL）广泛合作，积极推动以科切拉音乐节为话题的内容传播，鼓励观众通过社交媒体实时分享音乐节现场的盛况，使得这一大型活动在网络平台具有超高的热度。这一极具影响力的 IP 打造也使得印第奥这座常住人口不足十万人的小城在网络空间成了音乐狂欢的代名词。在社交媒体时代，人们感知城市空间和进行消费决策的最主要渠道已转向数字媒介，能够吸引用户注意力的场景化 IP 常常可以借助短视频等数字渠道实现快速传播，这已成为城市的"流量密码"。把握好社交媒体等新兴数字平台的渠道变革趋势，通过对于城市最具特色的元素的凝练与具有感官冲击力的展示，不断打造和推广超级城市 IP，将成为形塑具有识别力的城市形象的重要路径。二是破圈化。纵观全球顶尖城市在 IP 传播中的成功经验，与彰显城市特色的文化元素"同频共振"是 IP 得以凸显的重要条件之一。社交媒体以算法推荐为核心的内容分发极大地迎合了用户的个性化需求，其核心是以"接地气"的城市大众文化为引领，以市场化的力量推动，通过有鲜明特色的符号标识，使文化 IP 持续升温，最终实现广泛"破圈"，突破兴趣圈层、地域限制和内容壁垒，产生全民线上线下共振的"狂欢效应"。2017 年奥斯卡最佳影片提名电影《爱乐之城》（英文片名 *La La Land*）巧妙地将洛杉矶的简写"LA"植入其中，将一个充满艺术、爱情、梦想的故事有机镶嵌于城市空间之中，将根植于洛杉矶产业特色的文化气质以浪漫化的影视视角进行诠释，重新书写了洛杉矶的城市形象，更迅速推高了格里菲斯天文台等影片中出现的景点的旅游热度。以城市文化元素为内核的 IP 已经成为城市出圈的关键所在。在文旅深度融合的背景下，打造城市新 IP 早已成为文旅市场的重要发展趋势，IP 时代的文旅融合需要改变过去"以旅为主、植入文化元素"的固定思维，广泛挖掘具有"破圈"实力的文化 IP，以 IP 为核心吸引获取流量关注，并通过产业链延伸带动城市周边产业协同发展。三是生活化。长期以来，主流媒体塑造的城市形象更多地关注城市的政治经济层面，而在内容生产更多转向社交媒体渠道的变革性背景下，用户更多地关注城市的生活文化类内容，这对城市 IP 传播具有重要启发意义。从爆火的城市 IP 中不难看出，数字时代的优质城市 IP 普遍反映的是普通百姓可感知、可体验的美好生活，如美食、体育、娱乐等。"读屏时代"的图像转向使得人们对于城市内容的关注不再停留于大而全的宏大叙事，而更多地关注小而美的城市生活故事。"人人传播"的趋势使得每个普通人都可能成为新 IP 的创造者和推手，一条网友拍摄的城市"打卡"短视频可以在短时间内"火爆出圈"，在受众的脑海中建立起对一座城市的认知标签。例如，作为 TikTok 上影响力排名第二的中国城市上海，与之有关的热门短视频中不仅有霓虹璀璨的南浦大桥、童话梦幻般的迪士尼乐园，更有热气腾腾的小笼包、春卷等一众极具生活感的美食内容。[1] 城市 IP 的背后，是人们追求美好生活体验的需求迸发，代表了一种新的生活方式，应当被视为对品质生活追求的集中释放，并能够转化为引领经济发展的新趋势和孕育城市新动能的活力之源。

　　党的二十大报告提出："加强国际传播能力建设，全面提升国际传播效能，形成同我国综合国力和国际地位相匹配的国际话语权。"在全球城市的竞争态势中，城市 IP 作为一种软实力，越来越深刻地影响到城市的综合实力和可持续发展能力，拥有鲜明的、具有巨大传播动能的城市 IP 无疑已经成为数字时代国际文化大都市不同于其他一般性全球城市的重要标志。可以说，在数字时代，城市形象与城市 IP 具有密不可分的联系，城市 IP 是城市形象中的核心传播要素，而城市形象则是孕育城市 IP 的重要土壤。在全球城市数字传播革命性变化的趋势下，以社交媒体为代表的新兴数字媒介已成为城市全球传播的主战场，这意味着需要更加深入地分析提炼全球城市 IP 传播的特征趋势及路径经验，并充分结合本土城市实践，通过具有吸引力的城市 IP 的打造与传播，吸引全球人民的目光，实现城市数字形象传播的能级跃迁。同时，在本土城市的传播实践中，需要更加深入地从城市美好生活中发掘 IP 亮点，以数字渠道、"人人

---

[1]　童薇菁：《4.02 亿次播放量！魅力四射的上海文旅在 TikTok 上圈住全球网友的心》，《文汇报》2022 年 2 月 7 日。

传播"推动城市 IP 破圈突围，以平台化经营和全要素滋养创造有利于 IP 可持续生长的环境，以城市 IP 为牵引，持续激发城市形象的传播活力，使之真正成为助推经济社会发展和城市转型升级的重要引擎。

第一章
全球城市形象数字传播指标体系构建

　　今天，城市形象的数字传播，正日渐成为城市运行的基础底座，并深度嵌入城市数字化治理的各个环节，在助力城市发展中发挥着重要作用。作为一种在传播技术革新下动态演进的概念，城市形象的评价标准也需要顺应时代的发展进行适时的更新与迭代，以不断适应新的全球性评价背景和实际需要。数字时代国际传播的新趋势、新特征无疑对城市形象全球传播的水平和能力评价提出了新的要求：第一，需要深刻把握评价站位起点的前瞻性与创造性，将城市形象数字传播作为引领城市未来发展的竞争高地，将评价置于文化强国战略背景与全球城市软实力竞争的格局下加以审视；第二，需要充分考量评价维度的系统性与科学性，结合数字时代城市传播在传播主体、传播内容、传播渠道等方面的变革性趋势，适应包括新兴国际社交媒体在内的数字平台传播模式，通过构建系统性的指标体系进行综合评价；第三，需要紧密结合评价体系的实践性与应用性，通过全球对标转化为中国城市国际传播能力建设的有效抓手，形成从指标评价到城市文化软实力提升的闭环。

本章将介绍全球城市形象数字传播的指标体系构建与分析情况。笔者基于严格科学的指标体系设计原则，最终形成了 5 项一级指标和 15 项二级指标，在此基础上选取各国在全球数字平台传播表现活跃的 30 个国际文化大都市进行了分析。

第一节　城市形象传播综述

21 世纪以来，随着我国综合国力的显著提升以及全球城市交往的深度、广度和频度的不断增加，中国城市在全球舞台的显示度快速跃升，城市形象的全球话语表达与城市国际传播能力建设也日益受到地方政府的关注，并在城市重大战略规划与政策文件中得到了充分体现。[1] 与此相对应的是，近年来学界围绕城市国际传播的能力、效果等领域的评价研究在数量上也呈现增长态势。而从评价指标的具体内容来看，众多评价体系对于城市全球传播的定义和评价维度莫衷一是，在评价目标和理念存在差异的背景下，不同研究者对于具体指标的选择也具有较为明显的侧重性。这种现状反映了城市形象国际传播研究领域的复杂性和多维性，同时也凸显了建立统一、科学的评价体系的必要性。通过对现有评价框架的系统梳理，可以将相关研究大致归纳为三个主要视角：

一是以城市文化"软 / 硬实力"为视野的国际传播能力评价体系，主要以"投入—产出"为基本视角，侧重于从地方政府主导的对外传播基础设施建设水平及传播效果来评估。如北京外国语大学开

---

[1]　侯迎忠、玉昌林：《智能时代的国际传播效果评估要素：研究回顾与趋势前瞻》，《对外传播》2023 年第 1 期。

发的"城市国际传播能力指数",从硬实力和软实力两个维度对城市在国际传播领域的投入与建设成效进行评估,涵盖了"政府""大型活动""经济""人员""语言""新媒体""形象"7个二级指标。[1]其中涉及城市数字传播活动的包括"语言"和"新媒体"等指标,主要通过网宣网站语种、海外社交媒体账号相关数据等加以衡量。此外,姬煜彤、张强提出的"全球城市国际传播力指标体系"选取"国际传媒""城市声誉、品牌与创新力""文化交流""城市外交""国际会展""国际旅游""国际交通与信息网络"7个一级指标,涵盖了城市国际传播的基础设施建设以及城市声誉、境外媒体报道等效果类指标。[2]沈骑、陆珏璇则从城市外语能力建设的角度出发,以外语资源、外语服务和外语战略为基础构建全球城市外语能力指标体系,对于不同视角下的城市传播能力建设评价亦有参考价值。[3]

二是以国际传播效能评估为导向的评价体系,这种评价方式更加体现结果导向和目标导向,侧重于考察城市国际传播活动的实际影响。如浙江大学发布的"中国城市国际传播影响力指标体系"设置了"网络传播影响力""媒体报道影响力""社交媒体影响力""搜索引擎影响力""国际访客影响力"5个一级指标,指标数据主要来自国际社交媒体平台、旅游点评网站及新闻数据库等。[4]与之类似的还

---

[1]《国际传播能力指数方阵 2022——城市国际传播能力指数（详版）》，北京外国语大学国际新闻与传播学院网站，2022 年 6 月 4 日。

[2] 姬煜彤、张强：《全球城市国际传播力指标体系研究——广州城市传播力的国际比较》，《中国名城》2019 年第 11 期。

[3] 沈骑、陆珏璇：《全球城市外语能力指标体系构建》，《新疆师范大学学报》（哲学社会科学版）2022 年第 2 期。

[4] 韦路、陈曦：《2022 中国城市国际传播影响力指数报告》，《对外传播》2023 年第 1 期。

有由参考消息报社和新华社新闻信息中心联合发起的《中国城市海外影响力分析报告》，主要从"城市海外交往连接度""城市海外媒体呈现度""城市海外网络关注度""城市海外旅游美誉度""城市海外智库热评度"5 个维度进行评价。[1]北京师范大学新媒体传播研究中心等发布的《中国城市海外网络传播力建设报告》则选取了 Google News、X、Facebook、TikTok、YouTube、ChatGPT 等国际性数字传播平台获取数据，对中国城市海外网络传播力进行量化考察。[2]此外，姚曦等提出的"城市品牌国际传播效能评价指标体系"从"价值层（管理力）""互动层（沟通力）""网络层（关系力）"3 个维度出发，构建了以管理者评价、受众评价和客观数据三方面数据为支撑的评价方案。[3]

三是以全球受众对于城市的感知为核心的评价体系，这种评价方式主要从受众的视角进行测度，通过考察受众的接触、认知、情感等指标评估城市传播效果。在此类研究中，由英国品牌研究者西蒙·安霍尔特开发的 Anholt-GMI 城市品牌指数具有一定影响力，该指数从"城市存在感""城市地点""城市潜力""城市活力""城市人民""城市基础感知"6 个维度考察了全球近 20 个国家的 17000 余名受访者对于特定城市的品牌感知。[4]格雷格·理查兹和朱莉·威尔森从城市文化事件感知的角度，通过面向市民及全球游客对鹿特丹城市文化活动感知的问卷调

---

[1]《专家学者为中国城市国际传播建言献策》，参考消息网，2024 年 1 月 26 日。

[2]《〈2023 中国城市海外网络传播力建设报告〉发布》，中国日报网，2024 年 1 月 14 日。

[3] 姚曦、郭晓懿、贾煜：《价值·互动·网络：城市品牌国际传播效能评价指标体系建构》，《新闻与传播评论》2022 年第 4 期。

[4] Anholt Simon, "The Anholt-GMI city brands index: How the world sees the world's cities", *Place branding*, 2006, 2, pp.18—31.

查，对"欧洲文化之都"城市形象的传播效果进行了评价。[1] 刘金波基于"国际形象推广""国际传播效果""综合影响力"等维度，以深圳为样本，从城市管理者和服务者的内群体视角出发进行了调查评估，从而得出受访者对城市国际形象推广和国际传播效果的认知水平。[2]

整体而言，围绕城市形象国际传播的评价体系有不少研究，但依然存在一些明显的局限性和适用性问题。首先，指标体系的框架结构缺乏系统性，多数评价主要围绕传播效果展开，倾向于单一化的结果导向，以城市"软 / 硬实力"为视野的评价体系虽然涉及国际传播相关的基础设施等硬指标，但依然关注的是表层实力，未能将城市形象全球传播的多元主体实践过程充分纳入考量。其次，评价城市的对象范围存在局限性，国内学者研发的以国际传播效能评估为目标导向的评价体系主要关注中国城市的表现，而未将具有影响力的国际城市纳入考察范围，难以体现全球比较的视角，无法充分开展对标分析，与我国城市全球传播的目标要求之间仍存在脱节。此外，指标设计缺少前瞻性，现有评价体系未能全面完整地体现当前全球城市形象传播的数字化特征，如全球民众基于数字平台的城市传播参与以及城市空间感知等要素存在部分缺失。最后，部分评价方案在落地转化上缺乏可操作性，存在指标数据统计的口径标准差异较大，部分数据难以采集等现实问题，导致许多研究单纯停留在指标体系的构建层面而未开展实际的评估研究与落地比较，难以形成精准化的分析结果并为城市对外传播实践提供有效参考。

［1］ Richards Greg, Julie Wilson, "The impact of cultural events on city image: Rotterdam, cultural capital of Europe 2001", *Urban studies*, 2004, 41（10）, pp.1931—1951.
［2］ 刘金波：《超大城市国际传播能力建设研究》，《新闻与传播评论》2022 年第 6 期。

第二节 指标体系的内涵要素与构建原则

一、指标体系的内涵要素

在数字技术深度嵌入社会环境的背景下，数字媒介无疑已经渗透到城市传播活动的方方面面，并且对城市形象的国际表达产生了深刻影响。数字传播技术对于全球城市传播活动的变革性影响主要体现在五个方面：一是传播基础设施的变革。随着数字技术的进步，城市的传播基础设施得到了全方位的提升，从传统的如广播、电视、报纸和杂志等媒体，转向了以互联网为中心的创新传播平台。5G 网络、物联网和云计算等技术的广泛应用，为城市形象的多维度传播提供了技术基础。基础设施的变革不仅重新定义了城市形象传播的技术途径，而且还重新塑造了城市与全球受众间的交互模式，传统的单向信息传播方式逐步被多向互动和实时的反馈机制所替代，这使得城市形象的塑造和传播变得更加动态化。此外，借助大数据和人工智能技术的广泛应用，城市有能力更精确地了解全球受众的需求和喜好，进而制定出更具针对性的形象传播战略。二是传播内容的多模态化。多模态（Multimodality）表现为一种基于数字媒介的融合性内容形态，它整合了多种感官的功能，作为一种新的信息可供性对传统意义上的城市传播内容产生了形塑作用。[1] 在全球城市传播活动中，生成式人工智能等不断涌现的数字技术颠覆了内容创制的基本模式，催生了人

---

[1] Kammer Aske, "The mediatization of journalism", *MedieKultur: Journal of media and communication research*, 2013, 29（54）, p.18.

工智能生成内容（AIGC）及数字交互应用等全新的内容形态，也为全球受众感知城市提供了新的方式。三是传播渠道的平台化。平台是以移动互联网为代表的数字组织模式演进下的一种新的生产方式和基础工具，作为一种"可编程的数字化建构"[1]，平台无疑扮演着城市数字化基础设施的角色。在"平台化"语境下，人们对于城市形象的感知不再依赖于传统意义上的主流媒体，而更多地基于数字平台的媒介逻辑展开，以算法推荐机制为核心的移动社交媒体极大地改写了全球民众感知城市的渠道来源。四是传播主体的多元化。数字媒介语境下围绕城市的内容生产已演化为一种社会化、职业化与智能化生产并存的状态[2]，其实质是传播主体的变革。尤其是在数字社交媒体平台的开放环境下，越来越多的普通民众得以通过个性化的内容生产直接参与到全球城市的叙事之中，每一个个体都成了城市形象构建的有机组成，城市形象的塑造也逐步演变为多主体参与的数字化过程。[3]五是传播效果的具身化。在城市传播的内容、渠道和主体日趋融入数字化环境的背景下，数字传播成了城市生活的构成条件[4]，个体转换为一种"数字化生存"的状态，诸如虚拟现实、增强现实等技术形态改变了身体对于城市空间的感知方式，与数字技术融合互嵌的具身性体验成为传播效果的一种具体表现。上述趋势使得传统意义上基于单

［1］孙萍、邱林川、于海青：《平台作为方法：劳动、技术与传播》，《新闻与传播研究》2021 年第 S1 期。

［2］曾庆香、陆佳怡：《新媒体语境下的新闻生产：主体网络与主体间性》，《新闻记者》2018 年第 4 期。

［3］徐剑、钱烨夫：《构筑数字时代的上海全球城市形象识别》，《上海文化》2023 年第 6 期。

［4］Ash James, Rob Kitchin, Agnieszka Leszczynski, ed., *Digital geographies,* Sage, 2019, p.168.

一视角的传播效果评价方式在适用性和时效性上存在局限性，亟须顺应传播模式的变革，将更多的个性化、数字化表征内容纳入传播效果的评价体系之中。今天，数字媒介对城市传播活动过程的改写已成为显在的经验性事实。在这一背景下，城市形象的定义也在潜移默化地发生变革。作为城市在民众心目中的一种认知图式，城市形象经由数字媒介进一步转化为媒介"镜像"。[1]因此，城市形象数字传播实际包含了传播变革与形象转换的双重意涵：传播活动的数字化是过程要素，而城市形象的数字化则是结果表征。城市形象数字传播，正是在数字化内容表征下的城市形象新形态，它代表了数字媒介与城市空间的深度融合，体现了数字传播过程中传者与受众的统一。在东西方文化交流日渐深入的背景下，全球城市形象的数字传播不仅会影响个体对城市的感知，更是决定城市文化综合竞争力的关键。

　　基于上述分析不难看出，数字媒介技术对于城市传播活动的变革性作用主要体现在基础设施、内容、渠道、主体、效果五个层面，而这五方面的要素也在整体上反映了数字传播活动的具体过程。从城市形象传播的实践来看，城市的数字创新能力与数字生态构成了传播的底座，是城市数字传播运行的基础设施；城市数字内容的生产构成了传播的基础，是城市对外构建认知图式的根本性要素；传播数字渠道是城市传播的通路，也是城市内容从生产走向全球辐射的必经之路，它代表了平台化背景下城市形象全球传播的桥梁；传播主体是城市形象形塑的主力军，在"人人传播"的趋势下，全球民众既是城市数字内容的创造者，同时也是城市数字传播的参与者和感知者，唯有多元

---

[1]　张丽平：《空间转向与生活美学：契合地方属性的城市形象影像再造》，《当代电视》2021 年第 12 期。

主体的活跃参与才可能推动城市形象数字传播的能级跃升；传播效果代表了数字传播的结果表征，是城市形象形塑在个体心目中的图式，需要通过数字化的具体指标加以衡量。由此，我们可以将数字创新基础设施视为传播结构的底座，将传播的内容、渠道、主体视为构成城市形象数字传播全链路流程的基本要素，而将传播效果视为一种数字传播的结果表征（如图 1-1 所示）。在数字创新底座的支撑下，数字内容生产是传播基础，数字传播渠道是传播桥梁，数字主体参与是传播动能，只有处理好生产、渠道、主体三大核心要素，才能最终实现传播效果的能级跃迁。上述要素概括了全球城市形象数字传播的主要维度，可作为评价指标体系构建的基本框架。

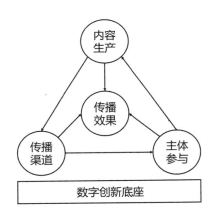

图 1-1　指标体系核心要素关系示意图

二、指标体系的构建原则

　　笔者从城市数字创新底座、数字内容生产、数字传播渠道、数字主体参与以及数字传播效果五个维度出发，组建新闻学、传播学、区域经济学、城市研究、大数据等领域的专家顾问团队，并邀请政府相关部门共同开展了多轮指标体系构建研讨会，在指标体系构建过程中，遵循以下原则：

（一）兼顾全球视野与中国特色

在指标体系构建的过程中，首先应将研究对象置于全球城市传播的格局中加以考虑，在指标设计上应以数字传播要素为核心，以"数字共通"为基本原则，充分考虑全球数字传播的普遍特征和趋势，寻求能够反映城市形象世界表达的数字话语体系。同时，要敢于在全球对标中彰显文化自信，在遵循指标体系构建科学性的同时，将全球数字文化传播的中国表达纳入评价标准之中。

（二）平衡指标的全面性与可操作性

在建立指标体系的过程中，需要在指标的全面性与实际操作性之间找到一个平衡点。一个全面的评价体系能从多个角度和维度全面地展示城市形象数字传播的总体情况，同时也能在实际应用场景中得到有效的运用。在指标选择上应坚持以实际落地操作为目标，充分考虑指标数据的可获得性，判断国内外不同定义与口径下底层数据的统一性，使得所选取的指标可测量、可比较，在符合可操作性的基础上，尽可能地体现指标所涉内容的整体性。

（三）把握数据来源的权威性和客观性

数据的客观性和真实性是指标体系有效性的基础，考虑到城市形象数字传播涉及的内容广泛，同时部分国外城市缺少相关的官方数据统计，本研究主要基于数据挖掘等方式自主采集数据，所有数据均来自平台的公开数据或权威性国际数据库，从而确保数据的客观、真实、可靠。

（四）坚持指标选取的代表性和合理性

全球城市形象数字传播涉及的内容十分广泛，在把握当前城市数字传播规律和发展重点的基础上，评价体系应尽可能囊括城市形象数字传播中的各个环节及代表性指标，使各指标相互联系、构成一个科学系统，能综合反映城市形象数字传播的现状，从而更加全面地展现城市形象数字传播的发展情况。

（五）凸显评价体系的前瞻性与创新性

在指标体系构建中应充分考虑数字时代城市传播在传播形态、参与模式等方面新涌现的特征，将全人类共建共享的理念纳入指标分析中，在已有研究基础之上凸显评价体系精神内涵的创新表达。

第三节　指标体系的内容与设计

在遵循指标体系构建的五大原则基础上，指标体系内容从宏观到微观层层递进，形成了多维度、立体式的全球城市形象数字传播指标体系，具体指标内容如下：

研究从"数字创新底座""数字内容生产""数字传播渠道""数字主体参与""数字传播效果"五个方面出发，构建了由 5 个一级指标、15 个二级指标构成的全球城市形象数字传播指标体系（表 1-1）。

表 1-1　全球城市形象数字传播指标体系

一级指标	二级指标	指标内容	数据来源
数字创新底座	城市科技创新能力	城市创新指数	2thinknow《全球城市创新指数》
	城市数字营商环境	城市电子政务在线服务指数	联合国经济和社会事务部《联合国电子政务调查报告》
	城市数字基础设施	城市网速	Wondernetwork 全球网络数据库
数字内容生产	城市数字图像	城市相关网络图片数	Google 搜索引擎
	城市数字影像	城市相关网络视频数	Google 搜索引擎
	城市数字书写	城市相关数字图书数	Google 搜索引擎
数字传播渠道	城市传播矩阵	社交媒体平台城市官方账号活跃度	X、微博
	城市门户网站	城市官方门户网站全球搜索流量	SEMRUSH 数据库
	城市数字媒体	城市媒体 App 移动端下载量	Google Play、点点数据
数字主体参与	短视频社交媒体参与	社交媒体平台城市话题短视频播放热度	TikTok、抖音
	长视频社交媒体参与	社交媒体平台城市视频内容搜索热度	YouTube、哔哩哔哩
	图片类社交媒体参与	社交媒体平台城市话题图片分享热度	Instagram、小红书
数字传播效果	国际主流媒体关注度	城市国际主流媒体报道量	LexisNexis 数据库
	全球社交媒体讨论度	城市话题社交媒体讨论热度	X
	城市地标全球吸引力	城市地标场景打卡活跃度	Tripadvisor（猫途鹰）

　　"数字创新底座"是城市数字科创和数字基础设施建设的体现，是推动城市数字传播的基础底座，也是反映城市数字传播能力的重要指标。其中城市创新指数与城市电子政务在线服务指数这两个指标内容分别参考了国际咨询机构 2thinknow 发布的《全球城市创新指数》以及联合国经济和社会事务部发布的《联合国电子政务调查报告》这两个相对权威的数据来源。城市的网络速度直接反映了城市数字基础设施的发展水平，而 Wondernetwork 全球网络数据库可以提供全球各大城市网络速度的详细数据，从而真实地展现城市的网络基础建设状况。

　　"数字内容生产"是构成城市形象数字传播的基础动力与数据源泉，数字内容生产的背后，需要优质的数字内容产业链，以及广泛的生产主体作为支撑。指标数据主要通过国际主流搜索引擎进行检索获取，可以直观地反映城市数字内容的生产情况，体现的是一座城市在数字空间的传播内容基础。

　　"数字传播渠道"主要衡量城市数字化传播的主力平台和渠道建设情况，主要面向城市国际社交媒体矩阵、城市官方门户网站以及移动端的城市数字媒体 App 三个方面，通过社交媒体平台城市官方账号活跃度、城市官方门户网站全球搜索流量、城市媒体 App 移动端下载量 3 个二级指标，从不同角度衡量城市传播的渠道建设水平。社交媒体平台城市官方账号活跃度指标反映了城市在主要社交媒体平台上的官方账号运营情况，通过对比 X 和微博这两个分别代表国际和中国本土的主要社交媒体平台，可以全面评估城市在社交媒体传播方面的表现。城市官方门户网站全球搜索流量反映了城市官方信息渠道的全球影响力和吸引力，主要通过 SEMRUSH 这一全球知名的网站流量分析工具获取。城市媒体App移动端下载量指标主要衡量城市数字媒体的移动端影响力。本书选择了Google Play和点点数据作为数据来源，可同时覆盖国际和中国本土市场数据，全面反映城市数字媒体的移动端传播力。

"数字主体参与"是数字时代多元主体参与城市形象构建的重要体现，它指向城市以及全球民众通过数字平台参与城市形象构建的积极性和活跃度，主要考量平台用户、城市民众自下而上地对于城市的数字内容的创作、参与、分享程度。需要说明的是，指标数据不仅考察了全球城市在TikTok、YouTube、Instagram等国际知名社交媒体平台的多主体传播情况，同时也将抖音、哔哩哔哩、小红书等具有中国互联网内容代表性和数字文化传播特色的社交媒体平台共同纳入考量，通过本土与国际性平台数据的交叉比较更加全面地反映全球多元主体对于城市形象传播的共享参与水平。

"数字传播效果"作为城市在数字空间传播的一种结果表征，反映的是城市在数字内容生产、数字传播渠道传输以及多元主体数字参与的全流程数字实践之下产生的一种多层面的数字影响力。"数字传播效果"包含国际主流媒体关注度、全球社交媒体讨论度以及城市地标全球吸引力3个二级指标，主要通过城市国际主流媒体报道量、城市话题社交媒体讨论热度、城市地标场景打卡活跃度加以测度，相关数据来源于权威性的国际新闻数据库、国际性社交媒体平台以及全球城市旅游点评网站等。

总体而言，全球城市形象数字传播指标体系通过多角度和多维度的数据收集，对城市在数字空间的形象传播状况进行了全方位的评价。从基础设施建设到内容生产，从信息的传播途径到用户参与，再到最后的传播效果，这一系列步骤共同构建了一个较为系统的城市数字传播评价体系。同时，在指标收集方面，不仅充分考虑了国际平台的需求，还兼顾了中国本土平台的独特性，为城市形象数字传播策略的制定和优化提供了强有力的数据支持和决策依据。

第四节　研究对象的选取

当前，全球城市形象数字传播竞争十分激烈，且由于世界性的文化差异，数字传播发展水平差异也较大。本书在选取评价城市时，以全球城市数字内容传播基础为主要依据，并参考了笔者的前期研究成果，在前期研究选取的北京、上海、广州、深圳、香港、纽约、伦敦、巴黎、东京、新加坡、柏林、首尔、洛杉矶、旧金山、悉尼、莫斯科、迪拜、孟买、罗马、多伦多20大城市的基础上，重点加强了对"全球南方"城市的关注，补充吉隆坡、雅加达、马德里、伊斯坦布尔、墨西哥城、圣保罗、哥本哈根、约翰内斯堡、开罗、利雅得10个全球城市，共形成30个全球城市进行比较分析。具体而言，吉隆坡和雅加达是东南亚迅速崛起的大都市，它们在数字经济和创新领域展现了不俗的实力；马德里作为西班牙的核心枢纽，其在全球互联网世界的信息传播中起到了不可或缺的作用；伊斯坦布尔作为欧亚之间的关键交汇点，其独有的地理和文化环境为城市形象数字传播相关研究提供了全新的视角；墨西哥城和圣保罗作为拉丁美洲的标志性城市，展示了该地区在全球数字传播领域的独特文化形象；哥本哈根则为研究带来了北欧城市的新视角，特别是在可持续发展和智慧城市形象建设领域的经验；约翰内斯堡和开罗分别象征着非洲南部和北部的主要城市，它们使得研究对非洲大陆的典型城市形象有所涉及；利雅得作为中东地区的一个关键城市，其数字化转型的快速进程为城市形象数字传播提供了具有价值的案例。

　　本书在对作为研究对象的城市选取方面采用了较为多元化的选择方式。这不仅能更全面地揭示全球城市形象数字传播的状况和发展趋势，同时也为各种不同类型和不同发展阶段的城市提供了横向比较和经验参考。综合来看，这30个城市的选择体现了全球的代表性，也确保了地域的均衡性，特别是对新兴经济体和发展中国家城市给予了特别关注，从而帮助研究者与读者更深入地洞察和分析全球城市形象在数字传播进程中的多元特性和发展模式。

第二章
全球城市形象数字传播能力分析

　　近年来，随着互联网成为城市传播力竞争的主战场，世界各国对城市形象数字传播的重视程度与日俱增。综合当前全球城市形象数字传播发展情况，笔者对具有较高国际影响力以及在该领域进行了积极探索的先行城市、特色城市等代表性样本开展了研究，通过构建多维度的全球城市形象数字传播指标体系来反映城市形象数字传播的实际水平，为城市未来的数字化发展提供参考依据。

　　本章介绍了全球城市形象数字传播分析的方法选择，通过使用熵权 -TOPSIS 法避免了指标权重测定过程中的主观性，能够得到更加客观的评价结果。根据 2023 年度全球城市相关数据测算情况，本书详细分析了 30 个城市的总体情况，并就各项指标进行了具体分析。

第一节　全球城市形象数字传播指标体系分析方法

　　本书采用熵权-TOPSIS法作为全球城市形象数字传播评价的主要运算方法。熵权法是一种指标体系权重客观赋权方法，其基本原理是根据评价体系中各指标数值的变异程度所反映的信息熵来确定权重大小。[1]这一评估方法的主要优点是，它可以减少人为主观偏见对权重分配的干扰，从而增强评估结果的客观性和信赖度。信息熵是一种度量信息不确定性和随机性的数值，一般认为，指标数值的变异程度越大，信息熵越小，指标所反映的信息重要性越高，其权重也应该越大，反之亦然。[2]TOPSIS法则是一种常用的多目标决策分析法，又被称为"逼近理想解排序法"，其基本原理是通过计算出评价对象与最优方案和最劣方案的距离来确定评价排序。[3]而熵权-TOPSIS法则是一种将熵权法和TOPSIS法结合起来的综合评价方法，兼具熵权法在指标权重确定和TOPSIS法在评价排序分析方面的优势，可以较好地解决多指标情况下的综合评价问题。[4]

　　简单而言，运用熵权-TOPSIS法进行指标评价的运算步骤主要

［1］曹贤忠、曾刚：《基于熵权TOPSIS法的经济技术开发区产业转型升级模式选择研究——以芜湖市为例》，《经济地理》2014年第4期。

［2］匡海波、陈树文：《基于熵权TOPSIS的港口综合竞争力评价模型研究与实证》，《科学学与科学技术管理》2007年第10期。

［3］Evangelos Triantaphyllou, *Multi-criteria decision making methods: a comparative study*, Springer, 2000, pp.18—22.

［4］Hsu Li-Chang, "Investment decision making using a combined factor analysis and entropy-based topsis model", *Journal of business economics and management*, 2013, 14（3）, pp.448—466.

包括：[1]

第一步，构建评价矩阵并进行指标标准化处理，运用熵权法确定指标体系中各指标的权重。

第二步，对决策矩阵进行规范化，根据熵权法得到的指标权重系数计算各指标的具体得分：

$$Z_{ij} = \frac{x_{ij}}{\sqrt{\sum_{i=1}^{n} x_{ij}^2}} \qquad (1)$$

其中，x_{ij} 表示评价对象 i 在指标 j 上的取值，n 表示指标的个数。

第三步，根据不同属性的指标最值确定理想解 Z_+ 以及负理想解 Z_-，计算各评价对象与正负理想解之间的欧式距离：

$$Q_i^+ = \sqrt{\sum_{j=1}^{m} (Z_{ij} - Z_j^+)^2} \qquad (2)$$

$$Q_i^- = \sqrt{\sum_{j=1}^{m} (Z_{ij} - Z_j^-)^2} \qquad (3)$$

其中，Z_{ij} 表示评价对象 i 在指标 j 上的得分，Z_j^+ 表示正理想解在指标 j 上的得分，Z_j^- 表示负理想解在指标 j 上的得分，m 表示评价对象的个数。

第四步，计算各评价对象与理想解的相对贴近度，获得综合评价指数并进行综合排序。

总体来说，熵权 -TOPSIS 法融合了熵权法与 TOPSIS 法的优点，为多指标的评估提供了一个既科学又客观的方法框架。这个方法的关

---

[1]　李刚、迟国泰、程砚秋：《基于熵权 TOPSIS 的人的全面发展评价模型及实证》，《系统工程学报》2011 年第 3 期。

键在于它的两个核心步骤：首先，通过熵权法确定各个指标的权重，这个过程基于数据本身的变异程度，有效地避免了人为主观因素的干扰；之后使用 TOPSIS 法来计算各个指标的正理想解和负理想解，确定评价对象与这两个极端解之间的欧氏距离，从而确定每个评价对象与最优方案的接近程度，并以此作为衡量优劣的标准。这一评价方法能以客观的方式展示各个评价指标在整体评价体系中的实际重要性，从而规避了传统主观赋权方式可能导致的偏差，因而特别适用于处理涉及多个评价指标和多个目标的复杂评估问题。这一方法的使用避免了单一化权重测定的主观性，是目前指标测算领域较为科学的方法。

第二节　全球城市形象数字传播指标体系评价分析

基于 2023 年度各研究对象城市的相关数据，笔者开展了全球城市形象数字传播指标体系总体分析和分项指标分析。全球城市形象数字传播指标体系总体分析综合了数字创新底座、数字内容生产、数字传播渠道、数字主体参与、数字传播效果 5 个一级指标，可以从宏观上反映全球城市形象数字传播的整体水平。

总体来看，纽约因其在世界范围内的文化影响力和城市形象数字传播实力上的地位，以较为明显的优势位列第一。研究显示，在五项一级指标中，纽约有四项（数字创新底座、数字内容生产、数字传播渠道、数字传播效果）均排名世界第一。紧随其后的是伦敦，其在五项一级指标中均排名前五，同时在数字主体参与一级指标中超越了纽

表 2-1　全球城市形象数字传播指标体系总体分析

城　市	位　次	得　分	城　市	位　次	得　分
纽约	1	98.85	马德里	16	87.76
伦敦	2	97.23	多伦多	17	87.32
巴黎	3	96.14	罗马	18	86.94
新加坡	4	94.72	悉尼	19	86.57
东京	5	93.85	莫斯科	20	86.18
洛杉矶	6	93.01	孟买	21	85.83
北京	7	92.46	圣保罗	22	85.51
上海	8	92.08	伊斯坦布尔	23	85.17
香港	9	91.64	哥本哈根	24	84.86
迪拜	10	90.79	墨西哥城	25	84.54
柏林	11	89.95	吉隆坡	26	84.21
旧金山	12	89.37	雅加达	27	83.91
深圳	13	88.92	开罗	28	83.62
广州	14	88.53	利雅得	29	83.42
首尔	15	88.11	约翰内斯堡	30	83.24

约排名第一，体现其近年来通过在数字创新与城市品牌形象打造领域的深耕，在全球社交媒体平台上具有十分活跃的参与度。2023 年，全球品牌评估咨询公司 Brand Finance 发布的首份城市指数显示，伦敦已成为全球最佳城市品牌，其在最佳旅游目的地和最佳学习地点两项指标中位居全球城市榜首。排在第三至六位的分别是巴黎、新加坡、东京、洛杉矶，其在一级指标中均有较为均衡的表现，其中新加坡有较为明显的进步，相较于前期研究，首次进入前五。值得一提的是，北京、上海、香港以较为接近的分数分列第七至九位，与 2022 年开展的前期研究中的评价排名结果保持一致，体现了其在全球城市

形象数字传播领域整体水平基本保持稳定，而这一排名也反映出北京、上海等中国城市近年来在全球城市数字传播格局中已占有一席之地，并在综合传播能级上超越了许多西方发达国家城市。

全球城市形象数字传播指标体系评价结果反映了不同城市在数字传播领域的综合表现和相对优劣势。具体来看：

一是欧美发达国家的超大城市依托其数字影响力占据全球城市形象数字传播前列。这些城市拥有发达的数字经济、先进的信息基础设施、广泛的国际影响力，其数字传播能力在全球城市范围内保持领先。如纽约、伦敦、巴黎、洛杉矶等城市依托雄厚的经济实力和文化软实力，吸引了大量国际互联网用户的关注，城市品牌形象在全球范围内深入人心。

二是亚洲地区的数字化先行城市表现抢眼。日本东京，中国北京、上海、广州、深圳，新加坡等城市近年来抓住数字化转型发展机遇，大力推进信息基础设施与数字文化产业发展，尤其是在电子政务水平方面通过多平台的数据联通整合在短时间内实现了较大进步，如上海的"一网统管""一网通办"的深度融合与协同，极大地改善了城市传播的数字生态环境，打造出高效、现代、智慧、便捷的人民城市形象。

三是新兴经济体的特大城市展现出良好发展潜力。如印度孟买、巴西圣保罗、马来西亚吉隆坡、印度尼西亚雅加达等城市，均拥有庞大的人口规模和互联网用户基数，数字经济发展十分活跃，数字平台等传播渠道日益多元，为打造和传播城市形象提供了广阔空间，具有一定的后发优势。

四是中东、非洲等欠发达地区城市数字传播能力有待提升。受经济发展水平、基础设施条件等因素制约，开罗、利雅得、约翰内斯堡等城市在城市形象打造与城市数字传播方面的表现相对较弱，亟须加大信息基础设施投入，提高民众数字素养，破除数字鸿沟，推动数字传播能力的跨越式发展。

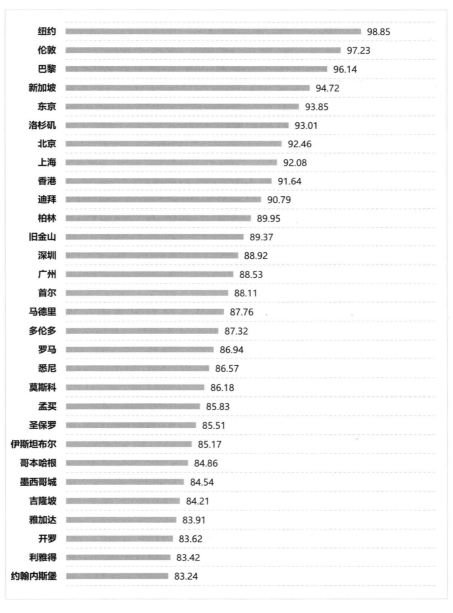

图 2-1　全球城市形象数字传播指标体系总体分析结果

第三节　全球城市形象数字传播指标体系分项指标分析

一、数字创新底座

　　城市形象的数字传播，不仅依赖于数字媒介中的内容呈现，同时也离不开城市的数字基础设施与数字创新能力所构筑的城市数字传播生态。数字创新底座一级指标，正是从城市的数字化转型发展现状与基础设施本体出发，考察城市在数字治理和数字生态环境方面的水平，主要通过城市科技创新能力、城市数字营商环境、城市数字基础设施三项二级指标进行测量。为了更加准确地反映全球城市在上述三项指标上的真实水平，本研究参考了权威组织机构和数据库发布的相关评价结果。[1]

　　数字创新底座一级指标反映了城市与数字传播相关的硬件及生态环境水平。结果显示，纽约、新加坡、巴黎、伦敦、东京在此项一级指标中的表现位居前列，这些城市均拥有先进的信息通信技术产业集群和较为完善的数字基础设施，为城市数字传播提供了良好的创新生态。此外，北京、上海、香港、深圳、广州五个中国城市在数字创新底座一级指标中均位列前二十，其中上海的数字营商环境排名第十一位，在中国城市中仅次于香港，反映出上海在电子政务服务水平方面已经走在全国前列。同时，北京、上海、深圳的网速（以固定互联网宽带速度测算）已达到全球领先水平。数据显示，上海不仅在固定互

---

[1]　对于极少数缺失相关得分数据的城市指标依据专家评估得出。

表 2-2　数字创新底座一级指标分析

城　市	位　次	城　市	位　次
纽约	1	上海	16
新加坡	2	深圳	17
巴黎	3	广州	18
伦敦	4	莫斯科	19
东京	5	罗马	20
柏林	6	悉尼	21
马德里	7	利雅得	22
哥本哈根	8	伊斯坦布尔	23
迪拜	9	墨西哥城	24
香港	10	圣保罗	25
洛杉矶	11	孟买	26
多伦多	12	吉隆坡	27
旧金山	13	雅加达	28
首尔	14	开罗	29
北京	15	约翰内斯堡	30

联网宽带速度方面表现亮眼，同时在 5G 网络速率方面也已经处于国内顶尖、全球领先水平。由移动网络质量领航方阵发布的第一期《全国移动网络质量监测报告》显示，上海的 5G 网络平均下行接入速率在各省市中排名第一，达到 462.93 Mbps；在 5G 平均上行速率指标上，上海同样处于领先地位，达到 92.43 Mbps。网络速度优异表现的背后是上海在数字基础设施方面的持续投入。上海市通信管理局公布的数据显示，2023 年上海建成 5G 基站 1.9 万个，累计建成 9.2 万个，5G 基站密度和占比均居全国第一；2023 年上海发布全国首个基于交换中心的算力调度交易平台，累计归拢通算、超算、智算资源超 8000P，将应用、数据、算力高效联结，对于推动城市产业数字化转型具有重

表 2-3　数字创新底座二级指标分析

城　市	城市科技创新能力位次	城市数字营商环境位次	城市数字基础设施位次
北京	14	13	1
上海	16	11	2
广州	22	17	4
深圳	20	16	3
香港	17	9	17
纽约	3	4	5
伦敦	2	24	18
巴黎	4	4	12
东京	1	15	13
新加坡	4	9	14
柏林	9	1	21
首尔	7	20	15
洛杉矶	4	4	9
旧金山	8	12	10
悉尼	12	22	24
莫斯科	22	4	22
迪拜	9	4	11
孟买	25	29	27
罗马	17	18	19
多伦多	9	20	8
吉隆坡	26	28	20
雅加达	27	24	29
马德里	12	1	6
伊斯坦布尔	17	13	28
墨西哥城	20	26	23
圣保罗	22	18	25
哥本哈根	14	3	7
约翰内斯堡	29	27	26
开罗	28	30	30
利雅得	30	22	16

要意义。作为城市形象数字传播的基础，中国城市在城市数字创新底座方面的建设也为城市全球数字传播能力的提升注入了强劲动力。

二、数字内容生产

数字内容生产一级指标，考察的是城市数字内容在全球网络空间的产出量，体现的是一座城市在全球范围内传播的数字内容体量，可以在一定程度上反映城市数字内容生产的水平以及辐射能力，包括城市数字图像（城市相关网络图片数）、城市数字影像（城市相关网络视频数）、城市数字书写（城市相关数字图书数）三项二级指标，相关数据均通过全球搜索引擎采集。

表2-4　数字内容生产一级指标分析

城　市	位　次	城　市	位　次
纽约	1	墨西哥城	16
伦敦	2	圣保罗	17
巴黎	3	莫斯科	18
香港	4	北京	19
新加坡	5	上海	20
洛杉矶	6	深圳	21
旧金山	7	伊斯坦布尔	22
迪拜	8	广州	23
柏林	9	首尔	24
悉尼	10	开罗	25
马德里	11	哥本哈根	26
多伦多	12	利雅得	27
罗马	13	吉隆坡	28
东京	14	约翰内斯堡	29
孟买	15	雅加达	30

　　数字内容生产，既是城市文化发展积累的产物，也代表了城市文化数字化的转化能力。分析发现，纽约以较为明显的优势位居榜首，这反映了纽约作为全球文化、媒体中心的独特地位，其海量的城市数字内容在全球网络空间中具有广泛影响力和传播力。而伦敦、巴黎、香港作为全球知名的国际化大都市，拥有丰富的文化遗产、旅游资源和现代都市风貌，每年吸引了大量游客和互联网用户关注，因此产生了大量高质量的数字内容。新加坡、洛杉矶、旧金山、迪拜等城市紧随其后，这些城市要么是全球著名旅游目的地，要么是新兴的全球城市，城市形象鲜明，数字内容生产活跃，在全球网络空间中的能见度和影响力不断提升。同时，北京和上海在数字内容生产方面均位列前20。数据显示，上海在城市数字影像、城市数字书写两项二级指标上的表现已达到中国城市的顶尖水平。近年来，上海通过整合全媒体渠道和提升城市媒体传播能力，面向国内外全方位开展"魅力上海"城市形象立体传播推广，上海国际电影节、上海电视节、中国上海国际艺术节、"上海之春"国际音乐节、中国国际数码互动娱乐展览会（ChinaJoy）等重大文化节庆活动以及 F1 中国大奖赛、上海 ATP1000网球大师赛等重大国际体育赛事在世界范围内的影响力不断提升，极大地带动了上海城市数字内容的多元化、多主体生产，上海文化品牌的国际传播内容体量与质量不断提升。但同时也需要注意到，数字内容生产一级指标体现出西方一流文化大都市在数字内容积累、转化、产出等方面的深厚基础，中国城市在国际化的数字内容生产方面的能力以及国际跨文化传播能力与国际一流文化大都市相比依然有较大提升空间。未来，中国城市需要持续加强在全球数字空间的内容生产能力和跨文化传播能力，以进一步适应全球化的数字内容传播新格局。

表 2-5　数字内容生产二级指标分析

城　市	城市数字图像位次	城市数字影像位次	城市数字书写位次
北京	18	23	18
上海	22	22	17
广州	30	30	28
深圳	29	28	30
香港	7	8	13
纽约	1	1	1
伦敦	2	2	2
巴黎	3	3	3
东京	15	4	11
新加坡	5	10	12
柏林	12	14	7
首尔	23	19	23
洛杉矶	4	5	4
旧金山	8	12	5
悉尼	14	13	10
莫斯科	21	20	9
迪拜	6	5	27
孟买	10	7	26
罗马	16	17	6
多伦多	13	16	8
吉隆坡	27	26	24
雅加达	20	21	25
马德里	11	11	15
伊斯坦布尔	17	18	21
墨西哥城	9	15	14
圣保罗	19	9	21
哥本哈根	24	27	19
约翰内斯堡	28	29	20
开罗	25	25	16
利雅得	26	24	29

三、数字传播渠道

数字传播渠道是城市的数字内容向全球民众传播的重要桥梁，是全球城市形象数字传播的重要通道，也是全球民众与城市进行数字沟通的重要载体。数字传播渠道一级指标包含城市传播矩阵、城市门户网站、城市数字媒体三项二级指标，主要通过主流社交媒体平台城市官方账号活跃度、城市官方门户网站全球搜索流量、城市主流媒体App下载量等进行测度。

表 2-6　数字传播渠道一级指标分析

城　　市	位　　次	城　　市	位　　次
纽约	1	首尔	16
上海	2	马德里	17
北京	3	莫斯科	18
伦敦	4	悉尼	19
巴黎	5	罗马	20
东京	6	孟买	21
香港	7	圣保罗	22
新加坡	8	伊斯坦布尔	23
洛杉矶	9	哥本哈根	24
广州	10	墨西哥城	25
深圳	11	吉隆坡	26
迪拜	12	雅加达	27
柏林	13	开罗	28
旧金山	14	利雅得	29
多伦多	15	约翰内斯堡	30

从数字传播渠道分项指标来看，纽约在城市传播矩阵、城市门户网站两项二级指标中均位列第一，展现了其在全球数字传播中

的头部渠道地位。纽约拥有众多世界知名的媒体机构和社交媒体平台总部，如《纽约时报》等全球知名媒体官方账号运营活跃，内容丰富多样，吸引了海量全球粉丝，形成了强大的全球传播矩阵。同时，纽约官方门户网站设计完善，搜索引擎收录量大，并依托于强大的媒体资源推广其移动端数字媒体 App，实现城市形象的多渠道传播。而上海、北京在数字传播渠道的综合表现紧随其后，综合来看已经超越伦敦、巴黎等西方发达国家城市，达到全球领先城市水平，较此前评估结果有显著提升。同时，香港、广州、深圳分列第七、十、十一位，展现了中国城市在数字传播渠道建设领域的快速发展趋势。城市传播矩阵二级指标是根据国内外主流社交媒体平台上城市官方账号过去一年中抽样推文的"转发""评论""点赞"数据综合计算得出的[1]，在这一指标方面，得益于中国城市对政务新媒体等创新型传播渠道建设的持续投入，中国城市如北京、上海、广州、香港等均有不俗表现。近年来，中国城市地方政府高度重视官方社交媒体账号建设，如上海市政府大力完善政务微信、微博平台，不仅强化涉沪实用资讯发布功能，同时积极与网友开展互动，深化数字沟通交流机制。在微博平台上，"上海发布"账号粉丝量已超过970万，互动量超过2400万次，在国内城市中处于领先水平。在国际平台上，上海官方信息发布账号 @Shanghai let's meet 在 Facebook 和 X 平台的影响力也在过去一年中快速提升。相比之下，国内城市官方门户网站在全球范围内的显示度还比较薄弱，在全球自然搜索

---

[1]　在实际统计过程中，综合了 X 以及微博两个平台的数据，这两个平台可以在一定程度上代表国际互联网及中文互联网的社交媒体平台城市传播能级，从而综合反映全球城市在数字平台的综合传播能力。

流量[1]指标的表现上并不十分突出。城市官方门户网站是全球民众获取城市服务、了解城市信息的重要平台之一，代表了城市对外传播的一个重要窗口，而国内城市在城市官方门户网站的传播能力、影响力，尤其是在国际化建设方面仍有较大的提升空间，在全球范围内的显示度还比较有限。城市数字媒体[2]指标根据各个城市在安卓平台下载量前三位的城市主流媒体 App 的下载量总和进行测算。值得一提的是，随着中国城市主流媒体转型升级和数字化水平的飞速发展，国内城市在城市主流媒体 App 下载量指标上均有不俗表现。其中上海的城市主流媒体 App 在全球范围内的下载量处于领先水平。不仅如此，上海数字媒体始终紧跟新的技术趋势和用户偏好，适时推出新的产品。据不完全统计，澎湃新闻、看看新闻 Knews、上观新闻三个主流媒体 App 在全球安卓系统用户中的总下载量已突破 3.2 亿次，澎湃新闻移动端全网日活跃用户数持续超过 1000 万，每日全网阅读数超过 4.5 亿。

总体来看，数字传播渠道一级指标折射出不同城市在运用数字渠道塑造城市形象方面的差异化表现。领先城市善于综合利用各类数字渠道，尤其注重全球化社交媒体矩阵的构建，通过丰富多元的数字内容吸引全球网民关注，形成了独特的传播优势。而大部分城市仍需要在优化完善官方数字渠道的同时，继续拓展多元化的全球化传播渠道，从而不断放大城市形象数字传播的载体功能，持续提升城市在全球受众心目中的美誉度。

---

[1] 自然搜索流量是指通过关键词搜索进入网站的流量，是反映网站流量和综合影响力的重要指标，均通过 SEMRUSH 数据库统一获取。

[2] 考虑到苹果市场的 App 下载量数据不对外公开发布，本书在"城市主流媒体 App 下载量"指标上主要根据安卓平台相关应用市场公开发布的 App 下载量数据进行统计。根据市场调查机构 Counterpoint 公布的 2023 年第 4 季度全球智能手机操作系统市场份额数据，谷歌安卓（Android）系统已经占到了全球 74% 的市场份额，而苹果 IOS 系统占全球 23% 的市场份额。

表 2-7　数字传播渠道二级指标分析

城　　市	城市传播矩阵位次	城市门户网站位次	城市数字媒体位次
北京	3	25	2
上海	4	27	1
广州	7	28	3
深圳	16	19	4
香港	2	8	13
纽约	1	1	7
伦敦	15	12	5
巴黎	11	3	10
东京	8	2	10
新加坡	5	21	14
柏林	13	30	22
首尔	17	8	15
洛杉矶	6	18	16
旧金山	18	16	16
悉尼	21	22	22
莫斯科	20	29	10
迪拜	24	17	22
孟买	10	13	6
罗马	9	20	25
多伦多	27	6	8
吉隆坡	29	23	16
雅加达	19	4	16
马德里	12	5	9
伊斯坦布尔	23	14	16
墨西哥城	30	10	26
圣保罗	26	11	16
哥本哈根	14	26	26
约翰内斯堡	25	15	30
开罗	28	7	29
利雅得	22	24	26

四、数字主体参与

数字媒介语境下围绕城市的内容生产已经演变为多主体传播的新模式，而数字媒介平台则是"人人传播"的主要场域。尤其是在数字社交媒体平台的开放环境下，越来越多的普通民众得以通过个性化的内容生产直接参与到全球城市的叙事之中，每一个个体都成了城市形象构建的有机组成，城市形象的塑造也逐步演变为多主体参与的数字化过程。因此，数字主体参与一级指标体现的是全球民众自下而上地通过数字平台参与城市形象数字传播的活跃度，是全球城市形象数字传播的重要基础性动能。

表 2-8　数字主体参与一级指标分析

城　市	位　次	城　市	位　次
伦敦	1	马德里	16
纽约	2	多伦多	17
巴黎	3	悉尼	18
迪拜	4	罗马	19
上海	5	莫斯科	20
北京	6	圣保罗	21
洛杉矶	7	孟买	22
香港	8	伊斯坦布尔	23
东京	9	哥本哈根	24
新加坡	10	墨西哥城	25
广州	11	吉隆坡	26
深圳	12	雅加达	27
首尔	13	开罗	28
柏林	14	利雅得	29
旧金山	15	约翰内斯堡	30

　　在对数字主体参与的具体二级指标的测量上，研究从国际和国内两类平台入手进行了分项指标设计。在短视频社交媒体参与方面分别考察 TikTok 和抖音平台数据，在长视频社交媒体参与上分别获取 YouTube 和哔哩哔哩平台数据，而图片类社交媒体参与则分别从 Instagram 和小红书平台开展比较，从而更加全面地衡量各个城市的数字主体参与情况。从整体来看，伦敦、纽约、巴黎、迪拜分列前四位，反映了其在数字空间活跃的主体参与水平，上海、北京、洛杉矶、香港、东京、新加坡位列第五至十位。分项指标分析显示，由于平台用户的覆盖度不同，全球城市在国际社交媒体和国内社交媒体平台的表现存在差异。在对 TikTok、YouTube、Instagram 等国际性平台的考察中，研究发现伦敦、巴黎、纽约、东京、迪拜、洛杉矶等城市基本占据了各分项指标的前几位。与之相对应的是，中国城市在国内流行的社交媒体平台上的表现数据相对占优。其中值得关注的是，上海在数字主体参与指标上的表现十分亮眼，首次跻身前五，较前期评估进一步提升，反映了上海市民和全球游客围绕上海这座城市的社交媒体内容生产、传播及互动行为较为活跃，也体现了城市形象数字传播的活力。这不仅得益于上海城市数字化转型进程的加快，更凸显出上海在推动人人参与城市形象数字传播方面的积极努力，如 IP SHANGHAI 等城市形象资源共享平台的打造，更加充分地激活了上海在"人人传播"方面的潜力。具体而言，上海在短视频社交媒体参与（抖音）、长视频社交媒体参与（哔哩哔哩）、图片类社交媒体参与（小红书）这三项指标中均位列全球第一，这也表明上海在国内平台视域下的城市数字主体参与水平已经明显处于国内领先地位；而在国际社交媒体平台的多元主体参与方面，上海在 TikTok、YouTube、

Instagram 等平台上的参与活跃度也有显著提升，反映出上海在国际社交媒体平台的传播参与活跃度持续走高。

此外，迪拜、巴黎、纽约等全球城市在分项指标中表现不俗。其中，迪拜因其对新兴数字媒介发展的大力推动，在短视频社交媒体参与方面的活跃度处于全球领先地位（在 TikTok 排名第 1，抖音排名第 6）；东京充分发挥其在动漫、游戏等数字视频产业领域的传统优势，在城市视频内容领域形成了较强的基础（在 YouTube 排名第 13，哔哩哔哩排名第 5）；而伦敦则善于借助图片展现丰富的城市魅力，伦敦官方和民间机构在 Instagram 等图片社交媒体平台建立了众多优质账号，通过发布伦敦街景、人文、美食等多样化主题的精美图片，全方位展现伦敦的城市风貌和文化底蕴，使其在图片类社交媒体平台上人气始终位居前列（在 Instagram 排名第 1，小红书排名第 6）。

表 2-9　数字主体参与二级指标分析

城　市	短视频社交媒体参与（TikTok）位次	短视频社交媒体参与（抖音）位次	长视频社交媒体参与（YouTube）位次	长视频社交媒体参与（哔哩哔哩）位次	图片类社交媒体参与（Instagram）位次	图片类社交媒体参与（小红书）位次
北京	27	2	25	2	27	2
上海	28	1	21	1	22	1
广州	29	5	30	4	29	3
深圳	30	3	29	3	30	5
香港	23	4	13	7	16	4
纽约	4	7	4	8	4	8
伦敦	2	9	6	12	1	6
巴黎	3	10	2	14	2	9
东京	14	11	13	5	9	10

（续表）

城　　市	短视频社交媒体参与（TikTok）位次	短视频社交媒体参与（抖音）位次	长视频社交媒体参与（YouTube）位次	长视频社交媒体参与（哔哩哔哩）位次	图片类社交媒体参与（Instagram）位次	图片类社交媒体参与（小红书）位次
新加坡	13	8	5	11	15	7
柏林	9	20	6	21	12	21
首尔	16	15	21	6	20	14
洛杉矶	7	12	6	10	6	12
旧金山	19	19	10	27	18	19
悉尼	12	13	16	9	17	18
莫斯科	18	14	25	13	11	17
迪拜	1	6	3	19	5	15
孟买	17	23	10	22	8	29
罗马	21	16	16	15	19	16
多伦多	8	17	15	17	10	11
吉隆坡	21	18	19	26	21	13
雅加达	10	21	19	16	7	25
马德里	6	24	6	18	13	20
伊斯坦布尔	5	21	10	20	3	22
墨西哥城	24	29	24	29	26	27
圣保罗	15	28	1	28	14	28
哥本哈根	24	27	18	25	23	23
约翰内斯堡	26	30	25	30	28	30
开罗	20	25	21	24	24	24
利雅得	11	26	25	23	25	26

五、数字传播效果

在数字时代，作为城市在民众心目中的一种认知图式，城市形象经由数字媒介进一步转化为媒介"镜像"，传统的"人—城市"关系在数字媒介语境下进化为"人—媒介—城市"的新型关系，数字媒介在人与城市之间建立起了形象认知的纽带。[1]数字传播效果是城市形象数字传播活动的外在表征，主要体现城市形象数字传播在虚拟和现实空间产生的实际效能和对于城市实体的带动作用。数字传播效果

表 2-10　数字传播效果一级指标分析

城　市	位　次	城　市	位　次
纽约	1	悉尼	16
伦敦	2	伊斯坦布尔	17
巴黎	3	多伦多	18
洛杉矶	4	首尔	19
迪拜	5	广州	20
香港	6	深圳	21
新加坡	7	莫斯科	22
东京	8	哥本哈根	23
圣保罗	9	孟买	24
柏林	10	墨西哥城	25
马德里	11	吉隆坡	26
罗马	12	开罗	27
上海	13	雅加达	28
北京	14	利雅得	29
旧金山	15	约翰内斯堡	30

---

[1] 张丽平：《空间转向与生活美学：契合地方属性的城市形象影像再造》，《当代电视》2021年第12期。

一级指标主要通过国际主流媒体关注度、全球社交媒体讨论度、城市地标全球吸引力三个二级指标进行测度。

　　总体来看，纽约、伦敦、巴黎等享誉全球的国际大都市在数字传播效果指标上表现突出，这些城市均拥有丰富的历史文化遗产、标志性的城市地标、发达的文化产业，长期以来就是国际媒体关注的焦点。城市形象数字传播更是使它们在全球社交媒体赢得了广泛讨论。值得一提的是，迪拜、圣保罗这两座新兴国际城市表现抢眼，分别位列第五和第九。迪拜近年来大力发展旅游业，建设了一系列极具吸引力的地标性建筑，借助数字传播渠道向全球推介城市形象，取得了显著成效。而圣保罗则依托自身的文化多样性和经济活力，通过社交媒体传播了一个充满激情与活力的城市形象。此外，香港位列第六，上海、北京均进入前十五位，超越旧金山、悉尼、首尔等城市，体现出在全球城市数字传播新格局中的中国影响力。

　　在数字传播效果二级指标各分项中，国际主流媒体关注度指标数据通过 LexisNexis 数据库[1]统一获取。在 2023 年的国际主流媒体报道方面，洛杉矶、圣保罗、纽约、伦敦、北京占据了前五位。其中，北京受到国际主流媒体的关注程度与前一年度相比大幅提升，在 2023 年国际主流媒体关注度方面一举超越了巴黎、旧金山等城市，正日益成为全球最具知名度和影响力的城市之一。同时，上海的全球讨论热度近年来稳步提升，海外主流媒体关于上海的新闻报道量由 2017 年的 465408 篇增长至 2023 年的 618797 篇，增幅超过 30%。进

[1]　作为全球最大的新闻数据库，LexisNexis（律商联讯）数据库拥有 15000 多个新闻、商业和法律资源，新闻来源包括全球各个国家和国际报刊、电视和广播。

一步的分析显示，2023 年，国际主流媒体对上海的报道重点关注了上海的科技创新、新能源汽车产业、国际航运、金融等领域。在科创领域，上海的生物医药产业通过一系列具有国际影响力的突破性成果在国际主流媒体报道中获得了较高的"能见度"，如上海交通大学团队在靶向 p53 领域获得重大突破，得到 Cancer Daily、Genomics & Genetics Daily 等国际学术媒体广泛报道；此外，上海在集成电路关键技术、信息通信技术、光催化技术等领域取得的突破性进展以及在碳中和、可再生能源、高端设计等领域的国际性科创活动也在国际主流媒体中受到广泛关注，如上海集成电路研发中心申请的一项 FIN-TYPE 半导体器件专利就受到美国联邦新闻报道，而在上海举行的第三届国际碳中和与绿色投资大会、上海国际汽车工业展览会等大型会展则吸引了加拿大和美国媒体的广泛关注。《纽约时报》的报道显示，上海车展充分反映了电动汽车在中国这一全球最大汽车市场日益显著的主导地位，以及中国企业在新能源汽车领域的全球竞争优势。而在国际航运领域，上海港携手洛杉矶港、长滩港以及世界顶尖航运公司宣布制定《上海港—洛杉矶港绿色航运走廊实施计划纲要》，并在 2023 北外滩国际航运论坛中发布，得到《洛杉矶时报》等国际知名主流媒体的重点关注和积极评价。

根据国内外主流社交媒体平台的实际使用情况，对于全球社交媒体讨论度二级指标，本书从国际和国内两类平台入手进行了分项设计，分别从 X 和微博两个主流社交媒体平台采集数据。结果显示，巴黎、纽约、伦敦、迪拜等城市持续占据全球社交媒体讨论的热点，而圣保罗、马德里等城市由于相关的体育俱乐部等品牌的影响力，城市在全球社交媒体中的显示度同样提高了。同时，上海在全球社交媒体讨论度指标方面的进步趋势显著。得益于上海对于全球社交媒体矩阵的持续搭建，上海在全球社交媒体中的显示度正处于快速跃升阶段。在城市地标全球吸引力方面，伦敦、罗马、巴黎得益于城市中大量具有悠久历史的文化建筑和知名城市地标，占据了全球前三名。分析显示，上海在过去一年中除了迪士尼乐园、外滩等常见的"打卡点"受到国际游客广泛关注外，武康路、安福路、黄河路等新兴城市地标的"打卡"热度也在持续提升，这些街区不仅保留了独特的上海城市肌理和建筑风貌，也通过引入创意产业、文化展演等业态为上海注入了新的时尚元素和文化内涵，成为国际游客感受海派文化魅力的必到之处。

表 2-11　数字传播效果二级指标分析

城　市	国际主流媒体关注度位次	全球社交媒体讨论度位次（X）	全球社交媒体讨论度位次（微博）	城市地标全球吸引力位次
北京	5	25	3	21
上海	16	23	2	22
广州	28	30	4	28
深圳	20	29	5	27
香港	12	13	1	13
纽约	3	4	6	4
伦敦	4	6	8	1
巴黎	6	1	7	3
东京	17	13	9	9
新加坡	11	5	10	8
柏林	9	6	19	7
首尔	21	21	13	24
洛杉矶	1	6	14	16

（续表）

城　市	国际主流媒体关注度位次	全球社交媒体讨论度位次（X）	全球社交媒体讨论度位次（微博）	城市地标全球吸引力位次
旧金山	7	10	18	12
悉尼	14	16	12	14
莫斯科	15	25	17	15
迪拜	18	3	11	5
孟买	13	10	28	23
罗马	19	16	15	2
多伦多	10	15	16	20
吉隆坡	25	19	27	19
雅加达	24	19	24	25
马德里	8	6	20	6
伊斯坦布尔	23	10	21	10
墨西哥城	22	24	26	17
圣保罗	2	2	23	11
哥本哈根	30	18	22	18
约翰内斯堡	29	25	30	29
开罗	27	21	25	26
利雅得	26	25	29	30

第三章
典型全球城市的数字形象分析

　　通过分析全球城市形象数字传播指标，可以从客观数据的角度了解各城市的总体情况以及在不同环节中的优势与短板。但上述研究主要是从定量的维度展开分析，要想把握城市在全球数字传播语境中的具体形象，仍需要通过进一步的分析更细致地描绘出城市形象的数字传播面貌。

　　为了深入分析典型城市在国际性社交媒体平台数字传播的具体内容及表现情况，捕捉全球典型城市最具特色的数字形象，本书进一步分别从 TikTok、YouTube 和 Instagram 三大在全球范围广泛流行且具有较高影响力的国际社交媒体平台入手，[1] 采用大数据与质性分析相结合的研究方法，选择了若干具有鲜明数字传播形象特征的城市进行分析，尝试刻画出全球城市各具特色的城市数字形象，使读者更加清晰地了解典型城市在数字空间传播的形象内容及其特征。

---

[1]　数据采集时间截至 2023 年 3 月。

第一节　北京：中华魅力　双奥之城

通过分析北京在国际流行社交媒体平台的内容发现，北京的城市数字形象表现出中华传统文化魅力与现代化相互交融的特征。例如在TikTok平台上，与北京2022年冬奥会和2008年奥运会相关的话题内容都具有相当高的关注度，而代表中华戏曲文化、美食文化等文化特色的内容如京剧、北京烤鸭以及具有中国识别度的符号内容如北京大熊猫等也是全球社交媒体关注的重点。

表3-1　TikTok平台北京相关热门短视频话题内容

热门短视频话题	播放量（次）
#beijing2022（北京2022冬奥会）	1600000000
#beijingopera（京剧）	85600000
#beijingduck（北京烤鸭）	19500000
#beijingtraveler（北京驴友）	11700000
#beijing2008（北京2008奥运会）	11500000
#beijinglife（北京生活）	2000000
#beijingpanda（北京熊猫）	1700000
#beijingbeef（北京牛肉）	1200000

在以长视频为主要传播媒介形式的YouTube平台和以图片为主要载体的Instagram平台，与北京相关的热门搜索关键词内容基本保持稳定，最具影响力的内容依然来源于奥运主题，包括奥运会开幕式、残奥会、2008年夏季奥运会、鸟巢等，而推出不久的北京汽车的旗下新车BEIJING X7因其独特的设计语言引起了国内外网友的广泛关注，体现了北京"设计之美"的国际表达。

表 3-2　YouTube 平台北京相关热门视频搜索内容

热门视频搜索关键词内容	搜索量（均值）（次）
beijing 2022（北京 2022 冬奥会）	243000
beijing olympics（北京奥运）	163000
beijing X7（北京 X7）	40000
beijing duck（北京烤鸭）	26700
beijing olympics opening ceremony（北京奥运会开幕式）	21900
beijing beef（北京牛肉）	21900
beijing daxing airport（北京大兴机场）	21900
beijing olympics 2008（北京 2008 奥运会）	11900
beijing national stadium（国家体育场——鸟巢）	11900
beijing universal studios（北京环球影城）	11900

表 3-3　Instagram 平台北京相关热门话题标签

热门话题标签	发文量（条）
#beijinglife（北京生活）	318394
#beijing2022（北京 2022 冬奥会）	268559
#instabeijing（北京 -Instagram）	197626
#beijinger（北京人）	114145
#beijingtrip（北京旅游）	61615
#visitbeijing（北京旅游）	55453
#thatsbeijing（《城市漫步》杂志北京英文版）	48686
#beijingfood（北京美食）	48404
#beijingduck（北京烤鸭）	41573
#beijingolympics（北京奥运）	26157
#beijingguoan（北京国安）	21395

　　研究发现，奥运会作为全球媒体最为关注的综合性体育盛会之一，对于城市数字传播具有显著的带动作用，而北京作为全球首个"双奥之城"的城市形象，也在全球社交媒体中得到了充分的传播。北京的城市形象充分融合了传统与现代元素。从一方面来看，京剧和北京烤鸭等传统文化元素在全球社交媒体上长期具有吸引力，展示了中华文明深厚的文化底蕴；从另一个角度看，奥运会、现代基础设施建设如大兴机场，以及创新设计如北京 X7 汽车等，都体现了北京作为国际化大都市的现代吸引力。总的来说，北京在全球社交媒体上展现的数字化城市形象，成功地融合了中华传统文化魅力和现代"双奥之城"的特色。北京的现代化气息与代表中华文明的古老历史文化积淀相互交融，"中国潮""国际范"与"烟火气"共融共生，共同构筑起新时代北京历史与现代相结合的崭新城市数字形象。这样的融合型城市形象不仅提升了北京在全球舞台上的影响力和吸引力，同时也为其他城市在国际形象塑造方面提供了宝贵的实践经验。

第二节　纽约：潮流先锋　全球都市

　　研究结果显示，纽约在传媒、体育、艺术、时尚等多元文化领域展现出强大的全球综合影响力。通过分析 YouTube 平台上纽约相关的热门视频搜索关键词内容可以发现，纽约与其他城市的明显不同之处在于《纽约时报》和《纽约邮报》这两家主流媒体在热门搜索关键词内容中的出现，事实上这两家媒体均在 YouTube 开设了专门的视频频道，在世界范围内具有相当高的影响力，并通过数字平台与民众实现即时的交互。此外，纽约的知名体育俱乐部如洋基队、纽约尼克斯队、纽约喷气机队等都具有相当广泛的影响力，这也充分体现了纽约在传媒、体育等多元文化领域具有较强的全球综合影响力。

表3-4　YouTube 平台纽约相关热门视频搜索内容

热门视频搜索关键词内容	搜索量（均值）（次）
new york times（《纽约时报》）	4037000
new york weather（纽约天气）	3306000
new york yankees（纽约洋基队）	2211000
new york lottery（纽约彩票）	1806000
new york post（《纽约邮报》）	1806000
new york hotels（纽约酒店）	1204000
new york giants（纽约巨人队）	987000
new york jets（纽约喷气机队）	664000
new york knicks（纽约尼克斯队）	664000
new york pizza（纽约披萨）	664000
new york rangers（纽约游骑兵队）	664000
buffalo new york（纽约州立大学布法罗分校）	297000
new york city fc（纽约城足球俱乐部）	297000

通过对 Instagram 平台的分析可以发现，纽约的城市数字形象侧重于两个方面：一是当代艺术、潮流时尚已经成为纽约鲜明的城市标签，如纽约时装周、纽约艺术、纽约风格、纽约摄影师、纽约发型师等都充分体现了纽约在全球当代艺术和时尚潮流领域中的先锋地位；二是城市与社交媒体平台具有联动关系，如 #newyork_instagram 等，反映出纽约城市形象传播与数字社交媒体平台间紧密的联系，同样，纽约也是民众参与社交媒体内容生产传播较为活跃的城市之一。这些

现象表明纽约不仅是一个被观看和讨论的对象，更是一个积极参与社交媒体内容生产和传播的主体。

表 3-5　Instagram 平台纽约相关热门话题标签

热门话题标签	发文量（条）
#newyorker（纽约客）	3341269
#newyork_instagram（纽约 _ instagram）	2397180
#newyorklife（纽约生活）	1660144
#newyork_ig（纽约 _ instagram）	1556049
#newyorkfashionweek（纽约时装周）	1376315
#newyorkhairstylist（纽约发型师）	949959
#newyorkart（纽约艺术）	907544
#newyorkphotographer（纽约摄影师）	889093
#newyorkstyle（纽约风格）	760095
#newyorkyankees（纽约洋基队）	735569
#newyorkhair（纽约发型）	724592
#newyorktimes（《纽约时报》）	643841
#newyorkartist（纽约艺术家）	508915

纽约作为美国最大的经济贸易和金融中心，其城市数字形象呈现出多元化和全球化的特征。它既是时代潮流的先行者，也是繁荣的国际文化之都。它不仅拥有具有世界影响力的传媒集团、数字传播渠道以及体育俱乐部，也始终走在世界时尚潮流的前沿，引领着当代艺术的传播。更为重要的是，纽约的城市传播与数字平台具有紧密的关系，数字传播与城市形象相辅相成、相得益彰，这种独特的城市数字形象不断强化着纽约作为全球首屈一指的潮流文化之城的地位。

第三节　伦敦：古典优雅　创意之城

　　伦敦是英国金融网站 Money.co.uk 评选出的全球最适合拍照的城市。悠久的文化历史、丰富的城堡建筑、独特的城市风情，让伦敦的魅力与日俱增，交织出独特的英伦风情。英国传承悠久的皇室系统，更造就了伦敦与其他国际大城市不同的古典优雅的历史文化氛围，而这也在全球社交媒体平台的数字传播实践中得到充分体现。分析结果显示，伦敦作为一座融合了悠久历史文化与现代创意产业的城市，其数字形象呈现出独特的英伦风情和多元化特征。通过对 TikTok 平台热门短视频话题的分析发现，伦敦相关的短视频内容主要呈现了具有历史特色的城市建筑及设施，如伦敦眼、伦敦桥、伦敦巴士等。这些建筑不仅是城市的代表性视觉符号，更承载了伦敦深厚的历史文化内涵。同时女王等英国文化特有的话题标签也是伦敦区别于其他文化都市的特征之一，凸显了英国皇室文化在塑造伦敦独特的城市形象中的重要作用。

表 3-6　TikTok 平台伦敦相关热门短视频话题内容

热门短视频话题	播放量（次）
#londonlife（伦敦生活）	2100000000
#londonfood（伦敦美食）	614600000
#londoneye（伦敦眼）	412900000
#londonbridge（伦敦桥）	373300000
#londonboy（伦敦男孩）	196400000
#londonqueen（伦敦女王）	117700000
#londonbus（伦敦巴士）	89200000
#londontiktoker（伦敦 TikTok 博主）	56500000

从 YouTube 平台伦敦相关热门视频搜索内容来看，伦敦多变的天气和美丽的风景是民众关注的热点。具有悠久历史的标志性建筑物（伦敦眼、伦敦桥、博物馆等）传递出伦敦古典优雅的城市气质，脍炙人口的传统童谣 *london bridge is falling down* 以及电影 *1920 london* 也是视频平台上与伦敦有关的搜索热门关键词。此外，伦敦地铁、希斯罗机场等现代化交通基础设施体现了伦敦作为国际交通枢纽城市的现代化面貌。

通过对 Instagram 这一以图片社交为主题的国际性社交媒体平台上的热门话题标签分析发现，伦敦在图片类社交媒体平台的传播内容更多地体现城市的美丽、创意与时尚特征。这一平台上的热门话题标签不仅涵盖了伦敦的历史文化元素，更大量展现了城市的现代艺术、时尚设计和创意产业，反映了伦敦在保持传统魅力的同时，积极拥抱现代创意文化，塑造出一个兼具历史底蕴和时代活力的城市形象。总的来说，伦敦在国际性社交媒体数字平台上的形象根植于其悠久厚重的英伦风格历史文化和充满活力的创意产业，在以图片、视频为主流传播载体的数字时代表现出极强的生命力，可以说是一座感受古典优雅的历史文化魅力与充满活力的创意时尚的绝佳城市。

表 3-7　YouTube 平台伦敦相关热门视频搜索内容

热门视频搜索关键词内容	搜索量（均值）（次）
london weather（伦敦天气）	3306000
london bridge（伦敦桥）	1204000
london eye（伦敦眼）	812000
london view（伦敦景色）	444000
london bridge is falling down（《伦敦桥要倒了》）	444000
1920 london（《1920 伦敦》）	444000

（续表）

热门视频搜索关键词内容	搜索量（均值）（次）
london gangs（《伦敦黑帮》）	297000
london heathrow airport（伦敦希斯罗机场）	297000
london underground（伦敦地铁）	243000
london zoo（伦敦动物园）	243000
london museum（伦敦博物馆）	198000

表 3-8　Instagram 平台伦敦相关热门话题标签

热门话题标签	发文量（条）
#londonlife（伦敦生活）	8733077
#londoneye（伦敦眼）	3310563
#londonfashion（伦敦时尚）	2837836
#londonfood（伦敦食物）	2593831
#londonart（伦敦艺术）	1764609
#londonblogger（伦敦博主）	1736993
#londonstyle（伦敦风格）	1679062
#londonist（伦敦人）	1599355
#londonfashionweek（伦敦时装周）	1423087
#londonbridge（伦敦桥）	1381294

第四节　巴黎：浪漫时尚　爱情之城

　　巴黎作为全球文化艺术的重要中心城市之一，其独特的城市魅力和文化底蕴在数字时代的社交媒体平台上得到了充分展现和广泛传播。巴黎在全球城市形象数字传播指标体系中的数字主体参与一级指标评价中位居前列，也是一座在国际社交媒体平台上形象十分鲜明的国际文化大都市。分析发现，巴黎作为一座融合了悠久历史文化、现代艺术创意和浪漫情怀的城市，其数字形象呈现出独特的法式风情和多元化特征。

可以发现，巴黎的城市相关热门视频内容展现出这座城市独有的浪漫艺术气息，除了知名度较高的巴黎圣日耳曼足球俱乐部以外，有包括热播电视剧《艾米丽在巴黎》、音乐作品 *Paris-ingratax*、*Lobo-hombre en París*、电影《午夜巴黎》、电影／音乐剧／小说《巴黎圣母院》在内的大量与城市有关的文艺作品，可见巴黎具有独特气质的艺术内容转化，已经成为助推城市形象数字传播和数字内容共享的重要动力源。特别是《艾米丽在巴黎》这样的现代作品，通过城市元素的呈现和数字平台的广泛传播，进一步强化了巴黎作为时尚、艺术和浪漫之都的国际形象。

表3-9　YouTube 平台巴黎相关热门视频搜索内容

热门视频搜索关键词内容	搜索量（均值）（次）
paris disneyland（巴黎迪士尼）	3306000
paris saint germain（巴黎圣日耳曼队）	2704000
le parisien（《巴黎人报》）	2211000
emily in paris（《艾米丽在巴黎》）	2211000
paris baguette（巴黎贝甜）	987000
paris lifestyle（巴黎生活方式）	812000
paris ingratax（音乐作品 *Paris-ingratax*）	444000
hombre lobo en paris（音乐作品 *Lobo-hombre en París*）	363000
midnight in paris（《午夜巴黎》）	297000
notre dame de paris（《巴黎圣母院》）	297000

从 Instagram 中巴黎相关的热门话题标签分析来看，巴黎更偏向于展现一种文艺气息和城市爱情主题，例如 #parisjetaime（"巴黎我爱你"）、#parismonamour（"巴黎，我的爱情"）等，都十分鲜明地刻画出"爱情之城"的数字形象，这种浪漫化、爱情化的城市形象通过数字平台得到了进一步强化和传播。此外，巴黎独特的艺术风格气质也是其数字传播的热门关键词，巴黎时装周等活动吸引了全世界的目光，并且传递出一种巴黎都市女性的独特魅力。

分析发现，巴黎作为法国的文化艺术中心，其在国际社交媒体平台传递的形象特质十分鲜明。一方面，其悠久的文化艺术传统、浪漫的城市气质和独特的法式生活方式，构筑形成了巴黎区别于其他国际大都市的核心魅力；另一方面，现代时尚产业、国际体育赛事和多元化的都市生活，又为这座历史悠久的城市注入了现代活力。巴黎成功地将其深厚的文化艺术底蕴与现代都市生活完美融合，在数字平台上塑造了一个既浪漫优雅又充满活力的城市形象。值得一提的是，巴黎

表 3-10 Instagram 平台巴黎相关热门话题标签

热门话题标签	发文量（条）
#parisienne（巴黎女人）	5473333
#parisjetaime（巴黎我爱你）	5242339
#parisianstyle（巴黎风格）	5223625
#parisfashionweek（巴黎时装周）	3131703
#parisian（巴黎人）	3041313
#parismonamour（巴黎，我的爱情）	2302412
#parismaville（歌曲 Paris ma ville）	2178891
#parisianvibes（时尚杂志 Parisian vibes）	1587121
#parisphoto（巴黎照片）	1509462

拥有极其浓厚的艺术氛围，这种艺术特性同时也蕴藏于巴黎丰富的文化建筑和衍生出的电影、剧作等艺术作品之中。同时，巴黎的城市空间与城市生活所渲染的浪漫主义特质在数字平台上得到了强化，使民众能够更加直接强烈地感受到巴黎这座城市洋溢的浪漫氛围，通过数字平台话题标签的形式不断刻画着人们关于"爱情之城"的想象，使浪漫化、爱情化城市形象深入人心。

第五节　洛杉矶：活力创新　天使之城

洛杉矶作为一座融合了体育、娱乐、艺术和现代都市生活的多元化城市，其数字形象呈现出独特的美国西海岸风情和活力特征。研究发现，洛杉矶的数字传播内容与体育活动有密切关联。知名体育俱乐部，如美国职业篮球联赛（NBA）球队洛杉矶湖人队、洛杉矶快船队，美国国家橄榄球联盟（NFL）球队洛杉矶公羊队、洛杉矶闪电队，美国职业棒球大联盟（MLB）球队洛杉矶道奇队均在热门视频搜索关键词内容之列。这生动体现了体育俱乐部与城市之间的互动关系，同时也充分地展现了这座城市在数字世界的生机与活力。洛杉矶作为全球知名的体育城市，拥有享誉世界的体育传媒公司、强大的体育文化设施、世界闻名的超级体育俱乐部以及体育人才培养院校和科研机构，完整的体育产业链和体育生态环境使得体育与洛杉矶的城市形象紧密结合，使得城市因体育而更具活力，而体育产业也因城市进一步提升了影响力。除此之外，洛杉矶的音乐、影视、传媒等内容也吸引了全世界网民的目光，如潮流音乐组合 Los Angeles Azules 、Los

表 3-11　YouTube 平台洛杉矶相关热门视频搜索内容

热门视频搜索关键词内容	搜索量（均值）（次）
los angeles lakers（洛杉矶湖人队）	1005000
los angeles international airport（洛杉矶国际机场）	824000
los angeles rams（洛杉矶公羊队）	554000
los angeles dodgers（洛杉矶道奇队）	554000
los angeles weather（洛杉矶天气）	554000
los angeles azules（音乐组合 Los Angeles Azules）	453000
los angeles chargers（洛杉矶闪电队）	248000
los angeles times（《洛杉矶时报》）	248000
los angeles clippers（洛杉矶快船队）	136000
ncis los angeles（《海军罪案调查处：洛杉矶》）	136000
los angeles news（洛杉矶新闻）	90600
los angeles de charly（音乐组合 Los Ángeles de Charly）	60900
los angeles leakers freestyle（L.A. Leakers 即兴说唱）	60900

表 3-12　Instagram 平台洛杉矶相关热门话题标签

热门话题标签	发文量（条）
#losangelesphotographer（洛杉矶摄影师）	1351457
#losangeleslakers（洛杉矶湖人队）	918010
#losangelesart（洛杉矶艺术）	588928
#losangelescalifornia（洛杉矶—加利福尼亚州）	510007
#losangelesdodgers（洛杉矶道奇队）	441044
#losangeleshairstylist（洛杉矶发型师）	430888
#losangelesartist（洛杉矶艺术家）	403325
#losangeleslife（洛杉矶生活）	335287
#losangelesgraffiti（洛杉矶涂鸦）	334919
#losangelesfashion（洛杉矶时尚）	312371

Angeles de Charly、L.A. Leakers，热播电视剧《海军罪案调查处：洛杉矶》等。这些元素共同构建了洛杉矶充满活力和创意的世界文化娱乐中心城市的形象。

通过对 Instagram 平台洛杉矶相关热门话题标签分析发现，洛杉矶在图片类社交媒体平台呈现年轻而富有创意的活力感形象，如摄影、艺术、时尚、体育、生活等均为热门话题标签，勾勒出时尚与艺术交融的"天使之城"形象。值得一提的是，"洛杉矶涂鸦"作为图片类社交媒体平台的热门话题标签催生了大量"网红涂鸦打卡地"，如位于梅尔罗斯大道（Melrose Avenue）上的"粉红墙"以及"洛城制造墙"等。涂鸦通过具有冲击力的视觉元素吸引了无数游客与城市空间互动，成为助推洛杉矶城市形象数字传播的鲜明标签。

洛杉矶的城市数字形象呈现出多层次、多维度的特征。首先，其强大的体育产业成为城市形象的核心支柱之一，从 NBA 到 NFL 再到 MLB，多个顶级职业体育联盟的知名球队都成为洛杉矶城市形象的重要组成部分，体现了洛杉矶在全球体育领域的核心城市地位，也成为推动城市形象数字传播的重要动力源。其次，音乐、影视、传媒等内容的高热度反映了洛杉矶在文化创意产业中的领先地位。最后，洛杉矶的艺术和时尚元素在数字平台上得到了广泛传播，特别是街头艺术和涂鸦文化的流行，展现了城市的创意活力和巨大的包容性。总体来看，洛杉矶在国际社交媒体平台上呈现的数字形象表现出丰富多彩、充满活力的特征，其强大的体育产业、全球领先的娱乐产业、独特的街头艺术文化，构成了洛杉矶的核心城市文化魅力，而多元化的都市生活、时尚潮流和创意产业，又为这座现代化大都市注入了持续的活力。

第六节　东京：动漫天堂　霓虹之城

东京不仅是全球动漫产业高地，更通过数字传播将动漫与城市形象紧密结合，使"动漫天堂"的形象成为城市在全球的核心识别。这种独特的城市形象通过数字传播在全球范围内得到广泛认可，成为东京在国际舞台上的重要文化符号。从 YouTube 平台上东京相关的热门视频搜索关键词内容就可以发现，动漫与城市的融合，已经成为东京城市形象数字传播的关键所在。包括《东京复仇者》《东京食尸鬼》《幽灵线：东京》《东京漂移》在内的动漫、游戏、音乐作品构成了城市相关的主要视频传播内容，这些文化内容产品均拥有大量忠实的粉丝，他们在数字空间中不断地进行内容生产与互动，充分放大了东京动漫产业相关的数字内容在世界范围内的影响力。同时，除动漫作品外，东京的城市地标和文化设施也在 YouTube 平台上受到广泛关注。例如，东京迪士尼乐园和东京塔作为城市的标志性建筑，已经成为全球网民搜索的热门关键词，这说明东京的城市形象并不仅仅局限于动

表 3-13　YouTube 平台东京相关热门视频搜索内容

热门视频搜索关键词内容	搜索量（均值）（次）
tokyo revengers（《东京复仇者》）	4935000
tokyo drift（《东京漂移》）	1806000
tokyo ghoul（《东京食尸鬼》）	1806000
ghostwire tokyo（《幽灵线：东京》）	543000
tokyo vice（《东京罪恶》）	543000
tokyo verdy（东京绿茵足球俱乐部）	198000
tokyo disneyland（东京迪士尼）	163000
tokyo tower（东京塔）	133000

漫文化，还包括其独特的城市设施和旅游景点。

通过对 Instagram 平台上东京相关热门话题标签的分析发现，除了与东京相关的知名动漫游戏作品以外，东京相机部作为日本最大的照片投稿网站，已经成为东京数字图像的集散地和城市数字形象传播的重要平台，它不仅在数字世界充分展现了东京的城市景观和日常生活，也为全球用户提供了一个分享和欣赏东京视觉艺术的平台。动漫类的话题标签不仅反映了特定动漫作品的受欢迎程度，更成为东京与全球动漫爱好者之间的文化纽带，促进了跨文化交流和理解。同时，东京迪士尼、东京塔等城市地标以及东京 2020 年奥运会等影响力事件也是数字平台上传播的重点内容。"东京之夜"的标签则生动体现了作为"霓虹之城"的东京都市夜生活的魅力，这一标签反映了东京丰富的夜间文化和娱乐活动已成为吸引全球旅游者和年轻人的重要元素，勾勒出一幅丰富多彩的东京都市生活图景。

表 3-14　Instagram 平台东京相关热门话题标签

热门话题标签	发文量（条）
#tokyocameraclub（东京相机部）	14062969
#tokyoghoul（《东京食尸鬼》）	9221387
#tokyodisneyland（东京迪士尼）	6946345
#tokyo2020（东京 2020 奥运会）	2151646
#tokyorevengers（《东京复仇者》）	1995822
#tokyotower（东京塔）	1141219
#tokyolife（东京生活）	1013243
#tokyocafe（东京咖啡）	722808
#tokyofashion（东京时尚）	636206
#tokyonight（东京之夜）	279923

　　综合来看，动漫、二次元作为东京城市的核心识别元素，在全球社交媒体平台上已经得到广泛传播并形成符号化表达。长期以来，东京将动漫产业作为文化优势产业加以打造，并与城市形象相互融合，形成标志性的文化符号。同时，东京市政府以动漫产业为抓手，积极通过数字媒体平台传播与东京动漫相关的产品内容，打造全球范围内的粉丝社群，不断提升城市文化竞争力和影响力，并将动漫产业通过节庆、主题乐园、商超娱乐等形式与城市空间、都市夜生活有机结合，使得"动漫天堂　霓虹之城"的城市形象在数字空间逐渐稳固。

　　当然，东京的城市数字形象不仅仅凸显了其独特的动漫文化，它还展现了一个现代化的国际城市所具有的丰富吸引力。无论是时尚趋势还是美食文化，无论是先进的科技还是传统的艺术，东京都展示了东西方文化交融的独特魅力，这种多元的城市形象在数字平台上得到了全方位的展示和传播。总体而言，东京成功地将动漫文化与城市形象紧密融合，并利用数字技术平台，塑造出了一个既独特又具有吸引力的国际文化都市形象。这一基于核心文化产业进行城市形象推广的策略显著增强了城市的文化软实力，也为其他城市在数字化时代通过城市形象塑造进行文化传播提供了有价值的参考。

第七节　迪拜：数字奇幻　未来都市

　　迪拜是在全球城市形象数字传播指标体系数字主体参与一级指标中表现较为突出的城市。通过对 TikTok 平台上与迪拜相关的热门短视频话题内容进行分析可以发现，迪拜作为数字化建设领先的国际城市，将 TikTok 等短视频平台与城市形象数字传播进行了紧密的结合，通过推动"城市＋短视频"的传播标签热门化，使城市形象与短视频这种流行的数字媒介形式紧密联动。

与迪拜相关的短视频话题内容主要以展现美食、消费、时尚、音乐、夜生活等年轻人喜爱的城市生活话题为主，同时迪拜还专门与 TikTok 合作开展了以 #dubai30×30（30 天每天坚持 30 分钟的锻炼）为话题的体育健康主题短视频传播活动，进一步助力城市数字内容的全民共享参与。这一线下线上相结合的创新性活动不仅展现了促进市民健康的努力，更是城市数字内容全民共享参与的一个典型案例，进一步提升了城市数字形象的传播效果和公众参与度。

表 3-15   TikTok 平台迪拜相关热门短视频话题内容

热门短视频话题	播放量（次）
#dubaitiktok（迪拜 -TikTok）	4200000000
#dubailife（迪拜生活）	3700000000
#dubaimall（迪拜购物中心）	1300000000
#dubai30×30（迪拜 30×30）	305900000
#dubaicars（迪拜汽车）	258400000
#dubaiframe（迪拜名人）	86100000
#dubaiboy（迪拜男孩）	79300000

分析发现，与迪拜相关的热门视频内容主要与城市大型活动、城市生活、典型地标建筑有关，如 2020 年迪拜世界博览会、迪拜酒店、迪拜购物中心、迪拜机场、哈利法塔等。其中还包括迪拜未来博物馆，该博物馆利用虚拟现实和增强现实、大数据分析、人工智能和人机交互等领域的最新技术，为参观者讲述了 2035 年的现实生活状况，

更加体现了迪拜这座城市数字形象的"未来感"，进一步展现了迪拜"未来都市"的奇幻面貌，凸显了城市的前瞻性和创新精神。

表 3-16　YouTube 平台迪拜相关热门视频搜索内容

热门视频搜索关键词内容	搜索量（均值）（次）
dubai mall（迪拜购物中心）	812000
dubai hotel（迪拜酒店）	812000
dubai expo 2020（迪拜 2020 世博会）	363000
song dubai（迪拜歌曲）	363000
dubai airport（迪拜机场）	297000
dubai jobs（迪拜工作）	297000
dubai gold price（迪拜金价）	243000
dubai burj khalifa（迪拜哈利法塔）	198000
dubai frame（迪拜名人）	198000
dubai future museum（迪拜未来博物馆）	198000

在 Instagram 平台上与迪拜相关的话题以购物与消费生活内容为主。如"mydubai"（我的迪拜）这类关键词，充分体现了民众对于城市生活的参与意识，反映了民众通过数字传播参与城市形象构建的主体性。此外迪拜生活、迪拜购物中心、迪拜时尚、迪拜博主、迪拜生活方式、迪拜美食、迪拜之夜等热门话题标签无不传递出迪拜年轻化、潮流化且充满活力的城市特质，也为全球用户搭建了一个分享和体验迪拜生活方式的数字空间。

总体来看，迪拜在国际社交媒体平台上的表现十分活跃。城市将民众数字参与、城市特色以及自身形象构建充分融合，通过社交媒体平台话题标签等形式，充分激发市民乃至全球游客数字传播参与的热

表 3-17　Instagram 平台迪拜相关热门话题标签

热门话题标签	发文量（条）
#mydubai（我的迪拜）	27236724
#dubailife（迪拜生活）	12395099
#dubaimall（迪拜购物中心）	6058925
#dubaifashion（迪拜时尚）	5174789
#dubailifestyle（迪拜生活方式）	2917737
#dubaiblogger（迪拜博主）	2699859
#dubaitag（迪拜标签）	1620152
#dubainight（迪拜之夜）	1370793
#dubaiinstagram（迪拜 -Instagram）	1286318
#dubailuxury（迪拜奢侈品）	1034571

情，并充分迎合了迪拜购物中心、迪拜哈利法塔等世界性建筑的未来感和奇幻属性，以及充满流行元素的城市空间与城市生活，向世界传递出一种充满年轻活力的数字未来城市面貌。而正是这种形象不断地吸引更多游客前往迪拜体验并传播城市的生活方式，从而形成城市数字形象传播的叠加效应。这种独特的城市定位不仅吸引了全球关注，也强化了迪拜作为创新中心和未来城市典范的地位。此外，迪拜的城市数字形象还体现出较为强烈的消费主义和奢华生活方式特征——从豪华酒店到高端购物中心，从奢侈品消费到夜间经济，迪拜成功地将这些元素融入其数字传播内容，塑造了一个充满机遇的繁华国际大都市形象。这种形象不仅成功吸引了全球游客和投资者，也为城市的经济发展提供了强大动力。

第八节 多伦多：多元融合 宜居之城

多伦多作为加拿大最大的城市和北美地区重要的经济、文化中心，其在数字平台上呈现的传播内容充分体现了这座国际化大都市的多元特质和独特魅力。YouTube 平台上多伦多相关的热门视频搜索关键词内容多与城市生活、城市风光有关，例如红枫叶既是多伦多美丽的自然景观，同时也具有国家形象的象征意义。多伦多大学、多伦多联合车站、多伦多动物园则分别代表了这座城市最知名的高等学府、交通枢纽和观光地标，城市中的流行嘻哈元素更赋予了多伦多在数字空间更加多样化的文化面貌。此外，多伦多的知名体育俱乐部蓝鸟队和猛龙队在世界范围内都具有较高的知名度，也是多伦多重要的体育名片。这些体育元素不仅是城市文化的重要组成部分，也成了多伦多向外界展示城市活力和竞争力的重要载体。总体来看，多伦多在视频平台的传播内容充分体现了其美丽宜居的城市特质和多元融合的城市文化特征。

作为全球最具开放性和包容性的国际化大都市之一，多伦多拥有多元丰富的族裔特色和移民文化，汇聚了 100 多个不同的民族和世界上 140 多种语言，使这座城市蕴藏了来自世界各地的不同文化风貌，展现出多元化的城市风貌。在图片类社交媒体平台上，多伦多的城市生活话题充满吸引力，拥有活跃的创意群体和丰富的文化创作土壤。如"多伦多博主""多伦多摄影师""多伦多艺术家"等创作者相关的标签在热门话题中占据重要位置。这些创作者不仅是城市文化的传播者，也是城市形象的塑造者。这些来自不同国家和民族的城市"UP主"和城市摄影师成了多伦多城市形象数字传播的重要推动力量，将

表 3-18　YouTube 平台多伦多相关热门视频搜索内容

热门视频搜索关键词内容	搜索量（均值）（次）
toronto weather（多伦多天气）	2211000
toronto maple leafs（多伦多枫叶）	1806000
toronto blue jays（多伦多蓝鸟队）	1481000
toronto raptors（多伦多猛龙队）	1204000
toronto rap（多伦多说唱）	1204000
toronto sun（《多伦多太阳报》）	664000
toronto university（多伦多大学）	664000
toronto fc（多伦多足球俱乐部）	297000
toronto union station（多伦多联合车站）	243000
toronto zoo（多伦多动物园）	198000
break from toronto（歌曲 Break From Toronto）	163000
toronto restaurants（多伦多餐厅）	109000
toronto things to do（多伦多打卡清单）	109000

表 3-19　Instagram 平台多伦多相关热门话题标签

热门话题标签	发文量（条）
#torontolife（多伦多生活）	5768757
#torontofood（多伦多美食）	2297437
#torontoblogger（多伦多博主）	1763821
#torontophotographer（多伦多摄影师）	1475076
#torontofashion（多伦多时尚）	1468120
#torontoartist（多伦多艺术家）	1334941
#torontodogs（多伦多狗狗）	1042275
#torontostyle（多伦多风格）	912325
#torontoraptors（多伦多猛龙）	854459
#torontoevents（多伦多活动）	778187
#torontomusic（多伦多音乐）	505928
#torontonightlife（多伦多夜生活）	481406

这座美丽宜居之城的时尚潮流与生活元素呈现在世人面前。同时，"多伦多活动"和"多伦多夜生活"等标签的高频出现，反映了这座城市丰富多彩的文化生活和娱乐氛围，进一步强化了多伦多宜居宜游的国际化大都市的形象。

　　总体来看，"宜居宜游"与"多元文化"构成了多伦多在数字平台内容传播的两大主题。多伦多的美丽源自一种开放与包容，来自不同族裔和文化背景的城市居民，以及多样化的文化创作和表达形式，彰显了多伦多作为国际化大都市的包容性和多元性，正是这种包容让这座城市充满着活力的气息，吸引着更多人的到来。这种兼具自然与人文、传统与现代的城市特质，不仅吸引了全球各地的移民和游客，也成了多伦多在数字空间中独特的城市品牌标识。来自五湖四海的"城市 UP 主"不仅彰显了这座城市丰富多彩的民族特色，更汇集成一支洪亮的复调乐曲，在安大略湖畔奏响了繁盛之音，向世界传递五彩斑斓的城市形象。

第九节　香港：潮玩打卡　动感之都

　　香港作为国际金融中心和亚洲重要的文化枢纽，在数字平台上的数字形象不仅展现了其内在的活力，也体现了亚洲潮流文化的发展趋势。通过分析 TikTok 平台与香港相关的热门短视频话题内容发现，除迪士尼等旅游生活相关内容外，香港的电影、戏剧等原创文化产品是短视频传播的热点。在 # 香港 90 秒（#hongkong90s）的话题标签下，有一系列回顾香港经典影片的短视频内容，总播放量近 5 亿次。

香港经典电影不仅在华语圈一度掀起潮流，在欧美国家也有着不小的影响力，而短视频平台的崛起，无疑又赋予了港片新的传播生命力，在社交媒体平台掀起了一股"数字港流"。这种现象的出现，一方面表明香港电影文化具有持续的跨时代魅力和影响力，另一方面也凸显了数字技术在文化传承和创新中的重要作用。

表 3-20   TikTok 平台香港相关热门短视频话题内容

热门短视频话题	播放量（次）
#hongkong90s（香港 90 秒）	499700000
#hongkongtiktok（香港 -TikTok）	45000000
#filmhongkong（香港电影）	23800000
#hongkongdisneyland（香港迪士尼）	16900000
#hongkongfood（香港美食）	16800000
#hongkongdrama（香港戏剧）	11000000
#hongkonglife（香港生活）	9800000
#hongkongsong（香港歌曲）	1100000
#hongkongtravel（香港旅行）	500200

而在 YouTube 平台，与香港相关的热门视频搜索内容则更加多元化：一是与城市旅游和娱乐消费活动相关的内容，如市集、迪士尼、机场、酒店、小吃等，反映了人们对香港作为旅游目的地的持续关注；二是香港文化产业相关产品，如香港电影、戏剧、音乐等，这进一步印证了香港文化产品的国际影响力；三是与香港回归有关的内容。总的来看，香港在视频平台呈现出市井气息与潮流活力并存的形象，并且与中国的国家形象之间具有深刻的联结。

表 3-21　YouTube 平台香港相关热门视频搜索内容

热门视频搜索关键词内容	搜索量（均值）（次）
hong kong market（香港集市）	49800
hong kong disneyland（香港迪士尼）	12200
hong kong 97（香港 97）	12200
hong kong movie（香港电影）	8200
hong kong airport（香港机场）	8200
hong kong hotel（香港酒店）	6700
hong kong university（香港大学）	4400
hongkong dimsum（香港粤式点心）	3600
hong kong travel（香港旅行）	3000
hong kong drama（香港戏剧）	2400

　　在 Instagram 平台，与香港相关的热门话题标签则更加体现出城市的多元活力与"网红打卡"气质——不仅有包括美食、迪士尼、商店、街区和时尚元素在内的年轻人喜爱的潮流内容，更将香港的城市标签与"ins"这一数字传播平台紧密结合。近年来，彩虹邨、嘉咸街等一众小而精致的网红街拍打卡圣地成为 Instagram 平台上流行的爆款视觉元素，摆脱了传统"大"景点的审美疲劳，吸引了无数年轻人通过打卡体验不一样的香港，传递出这座"动感之都"充满张力的城市形象。这种基于社交媒体平台的新型城市体验方式，不仅重构了游客与城市之间的互动关系，也为香港"动感之都"的形象增添了新的维度。

表 3-22　Instagram 平台香港相关热门话题标签

热门话题标签	发文量（条）
#hongkongdisneyland（香港迪士尼）	1285148
#hongkongfood（香港美食）	1267663
#hongkonginsta（香港 -Instagram）	659458
#hongkongshop（香港商店）	432944
#hongkongonlineshop（香港网店）	394018
#hongkongstyle（香港风格）	386540
#hongkonglife（香港生活）	355572
#hongkongtrip（香港旅游）	293136
#hongkongstreet（香港街道）	201936
#hongkongfashion（香港时尚）	201025
#hongkongstreetphotography（香港街拍摄影）	158749

第十节　上海：美好生活　人民城市

　　从国际流行社交媒体平台上关于上海的内容来看，上海服务于人民的获得感、幸福感、安全感，呈现出新时代"美好生活，人民城市"的数字形象。从 TikTok 平台传播的热门短视频话题来看，上海城市生活有关话题已经成为全球民众关注和讨论的热点内容。"共享品质生活"是上海城市国际形象的重要标签之一，主要集中在城市地标、文化生活和旅游活动等方面。上海在短视频平台的数字形象与丰富多彩的城市生活息息相关，展现出一幅市民游客乐享新时代城市生活的美好画卷，充分诠释了具有世界影响力的社会主义现代化国际大都市的多元魅力。此外，在海外平台热播的动画作品，将上海的城市地标、城市生活与动画人物相结合，从"二次元"的视角展现了上海的多元魅力，体现了跨文化、跨媒介的城市形象传播路径。不仅拓展了上海城市形象的受众群体，也进一步提升了上海在国际舞台上的文化影响力。

表3-23　TikTok平台上海相关热门短视频话题内容

热门短视频话题	播放量（次）
#shanghaispecial（上海特色）	90400000
#miraculousshanghai（《瓢虫雷迪　上海篇》）	55200000
#shanghaidisneyland（上海迪士尼）	22800000
#shanghaitower（上海中心大厦）	7000000
#shanghaitan（上海滩）	4600000
#shanghailife（上海生活）	1600000
#shanghaitrip（上海旅游）	1300000
#shanghaifashionweek（上海时装周）	1300000
#shanghaimovie（上海电影）	998600

而从视频平台YouTube传播的城市内容来看，在延续短视频内容生活化的特质的同时，与上海有关的文艺作品也是吸引全球民众注意力的重要内容载体。具体而言，在YouTube平台上与上海地方特色美食有关的话题吸引了大量的视频内容创作和分享，如餐馆、炸春卷、面条等。而上海本土知名体育俱乐部如上海申花、上海海港，具有国际影响力的高等学府如上海交通大学、上海纽约大学、上海大学，知名地标如上海迪士尼、环球金融中心以及国际性企业如特斯拉等，也引发了大量的视频内容分享与关注。同时，作为在上海宣布成立的永久性政府间国际组织，上海合作组织因其在各领域与日俱增

的国际影响力，也是国际主流视频平台关注的重点之一。值得一提的是，ShanghaiEye（魔都眼）[1]作为 YouTube 中报道上海的新媒体账号，也已经成为在视频平台上上海的热门搜索关键词之一，目前在 YouTube 平台有超过 22 万订阅者，推出的"洋囡囡来教你说上海话""六分钟外滩灯光秀"等爆款视频作品均获得了数十万次的海外播放量。通过创新性的内容制作和传播策略，ShanghaiEye 成功吸引了大量海外受众，为上海城市形象的国际传播开辟了新的渠道。这一上海"走出去"的外宣新媒体产品热度的跃升，充分体现了上海在外宣新媒体矩阵方面的布局初显成效，并能够与城市形象数字传播实现同频共振，进一步助力上海全球城市形象的能级跃迁。

表 3-24　YouTube 平台上海相关热门视频搜索内容

热门视频搜索关键词内容	搜索量（均值）（次）
shanghai restaurant（上海餐厅）	48900
shanghai disneyland（上海迪士尼）	40000
shanghai lumpia（上海春卷）	40000
shanghai noodles（上海面条）	40000
shanghai port（上海港）	40000
shanghai shenhua（上海申花）	32700
shanghai cooperation organization（上海合作组织）	26700
old shanghai（老上海）	26700
shanghai eye（魔都眼）	21900
shanghai jiao tong university（上海交通大学）	17900

[1] ShanghaiEye 是 SMG 融媒体中心旗下 ICS 全力打造的外宣视频新媒体矩阵，是看看新闻的国际产品，其宗旨是打造用国际语态讲述中国故事的优质视频平台。

（续表）

热门视频搜索关键词内容	搜索量（均值）（次）
shanghai movie（上海电影）	17900
nyu shanghai（上海纽约大学）	11900
tesla shanghai（特斯拉上海工厂）	11900
shanghai university（上海大学）	11900
shanghai world financial center（上海环球金融中心）	11900

　　上海在 Instagram 平台上呈现的城市相关热门话题内容比较多元化，包括美食、城市生活、地标场景、国际化社群，以及城市旅行和城市风光等。值得注意的是，"#shanghaiexpat"（上海外籍友人）等标签的出现，展现了上海作为社会主义现代化国际大都市的包容性和多元文化氛围。

　　通过对上海在国际流行社交媒体平台上的相关内容进行深入分析，可以观察到上海在数字空间中展现了一种融合了现代与人文、国际化与本土特色的独特城市形象。这一形象不仅展示了上海所具有的现代吸引力和深厚的文化内涵，而且更加突出了其作为"人民城市"的核心价值观。"共享品质生活"不仅是上海国际城市形象中的关键标识，而且在各种传播平台上都有所体现，充分表明了上海以满足人民的获得感、幸福感和安全感为中心的城市发展哲学。总的来说，上海在国际流行社交媒体平台上的相关话题主要围绕以人民为中心的"WeCity"展开，呈现新时代"美好生活，人民城市"的数字形象——无论是多样美食还是城市地标，无论是精致的城市生活还是奇妙的旅行目的地，上海在数字空间的形象呈现出丰富多元的吸引力，直观体现了"人民城市人民建，人民城市为人民"重要理念，再一次生动展示了中国式现代化的上海样本。

表 3-25　Instagram 平台典型上海相关热门话题标签

热门话题标签	发文量（条）
#shanghailife（上海生活）	957068
#shanghaidisneyland（上海迪士尼）	585625
#shanghaifood（上海美食）	167998
#shanghaiist（上海人）	161463
#shanghaitower（上海中心大厦）	101895
#shanghaistreet（上海街道）	98559
#shanghaifashionweek（上海时装周）	72462
#shanghaiexpat（上海外籍友人）	68848
#shanghaieats（上海小吃）	67803
#shanghaistyle（上海风格）	61866
#shanghaitrip（上海旅游）	61499
#shanghainights（上海之夜）	46925

第四章
典型城市 IP 的大数据挖掘

    每一座城市都有着独一无二的城市性格，有着与众不同的"城市人设"。城市 IP 是根植于城市自身特色，向外界传递城市个性特征的具象符号，是城市色彩与城市性格的一种浓缩，也是城市数字形象中最具代表性的传播要素，诠释着每一座城市的独特魅力。城市 IP 的形态多样，可以是代表性的城市活动、文化节庆，也可以是极具城市特色的地标或美食、风俗等，但无论何种形态的城市 IP，其关键都在于贴近普通百姓、拥抱数字传播，从而具有"破圈"的强劲动能，并助推城市文化品牌影响力不断提升。

    2023 年，全球城市在经历疫情阵痛后纷纷转入复苏阶段，城市文化呈现一种反弹和重新活跃的崭新面貌，其中涌现出大量充满创新与活力元素的城市 IP，让重聚与团结成为城市的主旋律。本书以全球城市形象数字传播指标体系为基础，通过分析全球社交媒体平台大数据，将过去一年全球数字传播综合影响力最高的全球城市传播十大 IP 进行呈现[1]，并对每一个城市 IP 的数字传播和形塑特征进行分析，

---

[1]   相关数据统计时间为 2023 年 1 月 1 日至 2023 年 12 月 31 日。

旨在具象化描摹不同区域、不同类型以及不同文化背景下的全球城市IP传播的特色和优势，生动展示IP背后全球城市迈入后疫情时代的复苏活力。

第一节　悉尼：新年烟花秀

随着数字技术的不断发展，城市品牌IP在构建和传播方面呈现全新的特性和发展方向。城市IP的构建已逐渐超越了传统的推广手段，而更多地依赖于大规模且充满"仪式感"的活动，从而在全球范围内获得关注和共鸣。这类传播方式的核心策略是通过视觉化的图像，借助多种模式的信息展示，在当前的数字媒介所形成的"读图时代"中吸引流量关注，从而成功塑造城市的独有形象和其在国际上的影响力。

在这样的大背景之下，具有强烈视觉吸引力的城市标志性品牌活动已经成为构建城市IP的关键。这些活动不仅要有独特的内容和展现方式，更重要的是要充分挖掘城市在地理位置、文化魅力和代表性建筑等方面的优势，利用图像、视频等多媒体手段，营造视觉冲击，在全球受众中产生情感共振。澳大利亚悉尼的新年烟花秀作为一种城市品牌活动，已经逐步演变为城市文化中的标志性IP之一，而悉尼也充分利用了其作为全球最早庆祝新年的城市之一的优势，使悉尼的烟花秀在全球众多的新年庆祝活动中占据了独一无二的位置。

自1995年悉尼新年烟花秀首次亮相以来，经过持续的技术创新和升级，它已经演变为一个综合了烟花、激光和音乐等多种表演元素的视听盛宴。2023年的烟花秀活动以悉尼海港大桥和杰克逊港为核心，巧妙地融合了悉尼歌剧院等城市代表性建筑，为观众带来了独特且令人震撼的视觉体验。城市地标与活动内容的有机融合，不仅提升了活动本身的吸引力，也强化了悉尼充满活力和现代感的国际大都市的形象。

悉尼新年烟花秀之所以能够取得成功，不仅仅是因为其在内容和形式上的精心策划，更重要的是它采用了多渠道的数字传播策略。澳大利亚的多个电视台利用各种数字化的传播手段，对此次活动进行了实时直播，使得全球亿万观众都能同步欣赏到这一盛况。根据2023年的统计数据，悉尼市政府在这一活动中投入了620万澳元，成功吸引了超过4.25亿的观众通过直播或现场观看。而YouTube等数字传播渠道充分放大了该活动在全球范围内的影响力和传播成效，进一步巩固了新年烟花秀作为城市标志性文化活动IP的地位。

此外，为了更好地打造新年烟花秀这一品牌IP，悉尼市政府官方围绕这一IP专门搭建了跨年夜活动的官方网站（sydneynewyearseve.com），并通过这一网站将悉尼跨年夜的系列活动以及烟花秀的观看点位地图、相关的城市旅游交通等信息进行了集中展示，从而达到城市IP与城市文旅同频共振的效果。

图4-1　悉尼跨年夜活动官方网站

　　如今，悉尼新年烟花秀已成为悉尼这座城市的重要品牌形象之一。它为悉尼树立了一个充满活力、欢乐和热情的形象，也成为这座欢乐之城吸引游客的重要因素之一。这一文化活动 IP 的形成表明，通过富有视觉吸引力和情感共振效果的文化品牌 IP 活动，可以在全球范围内产生强烈的"仪式效应"。在数字时代背景下，城市品牌的传播不仅需要注重视觉效果、仪式感和全球化的传播方式，还需要将城市的独特特色与现代技术相融合，通过多样化的传播途径和创新性的内容展示，实现城市形象的有效传播和品牌价值的持续提升。

第二节　里约热内卢：里约狂欢节

　　在全球城市 IP 的塑造中，许多成功的案例都深深植根于城市的历史底蕴和文化特色，并且与城市的独特气质高度契合。其成功的关键因素在于深入挖掘和有效利用了城市的历史和文化资源，并巧妙地将这些资源与数字时代的传播特性相融合，从而创造出具有广泛可识别性和传播性的城市 IP 标识。里约热内卢狂欢节，作为一个充满巴西地域文化魅力的城市 IP，不仅成功地诠释了城市 IP 塑造的核心理念，而且被视为全球城市品牌建设的一个典型案例。

　　里约热内卢的狂欢节的历史可以追溯到 17 世纪，它最早起源于葡萄牙的传统庆典。随着时间的变迁，这项活动经历了多种文化的融合，逐步融入了非洲、印第安和巴西的本土文化元素，最终演变成了今天世界著名的狂欢盛典。在 20 世纪初期，巴西的桑巴音乐和舞蹈逐渐成为狂欢节的显著标志，为其注入了一种独特的巴西文化氛围。

这一文化变迁和 IP 形塑的历程，揭示了城市 IP 在历史维度上的动态变化，同时也反映出文化继承与创新之间的辩证关系。

在 2023 年里约狂欢节开幕式上，里约热内卢的市长爱德华多·帕埃斯把代表城市管理权的金钥匙交付给了被称为"狂欢节国王"的人，这不仅是一种传统仪式，更是城市 IP 的一种标志性展现。特殊的金钥匙交接仪式象征着整个城市在节日期间被"狂欢节国王"所接管，其更深层次的意义在于让市民和游客在这个特殊的节庆时刻充分体验狂欢节的乐趣。这种仪式化的符号表现方式不仅强化了狂欢节的文化象征意义，还提高了它作为城市 IP 的识别度和影响力。

图 4-2　Instagram 平台上的"# 里约狂欢节"话题相关内容

　　值得注意的是，社交媒体平台在里约狂欢节的 IP 传播中起到了不可或缺的作用。以 Instagram 为代表的图片类社交媒体平台，通过特定的主题标签（例如 #RioCarnival），为狂欢节提供了一个强大的数字传播工具。话题标签的产生极大地鼓励和带动了全球的用户分享他们与狂欢节活动相关的照片和视频内容，从而使得狂欢节的影响力和公众曝光度实现了指数级的提升。里约市政府巧妙地利用了社交媒体平台的病毒式传播特点，从而使得里约狂欢节的 IP 形象能够迅速"破圈"且广泛地传播到全球的各个角落。

　　里约狂欢节作为一个全球知名的城市 IP，它的文化意义已经逐渐超越了娱乐活动的范畴，成了巴西文化精神的一个重要表现形式，体现了巴西民众对于生活的深厚情感、对音乐和舞蹈的激情，以及对自由和幸福的持续追求。里约狂欢节不仅成功地吸引了全球各地的观光客，为其经济带来了可观的回报，而且也成为巴西向全球展示其独特文化魅力的关键平台。这种文化的象征意义不仅在狂欢节的欢乐气氛中得到充分体现，而且也对巴西民众的日常生活习惯和价值观产生了深远的影响。从人文经济的视角出发，可以发现里约狂欢节已经演变为一个涵盖旅游、娱乐、餐饮、酒店等多个相关产业的综合性文化经济活动，并对城市经济发展产生了重要的推动作用。通过狂欢节，世界人民得以深入了解巴西的社会、文化和民族精神。在未来城市品牌 IP 的构建过程中，如何在传统文化和现代传播手段之间找到一个平衡点，以及如何将城市独有的文化元素转化为具有全球影响力的 IP 标志，将成为城市管理者和品牌建设者需要研究的关键性问题。

第三节　迪拜：未来博物馆

　　城市空间，作为城市结构的关键组成部分，不仅代表了城市的物质形态，而且也是展现城市文化特质和精神价值的主要载体。伴随着数字技术的进步，空间定位技术与内容传播的深度整合使得城市地标逐渐成为城市 IP 的关键支撑。在这样的趋势下，一系列新兴的"网红打卡点"应势而起，而迪拜未来博物馆正是这样一座新晋的"网红建筑"。

　　迪拜未来博物馆的建筑设计展现了极高的创新性和前瞻性，其独特且前卫的外观设计充分利用了现代科技和建筑技术。博物馆的外观呈现出流畅的线条，就像一艘悬浮在天空中的巨大飞船，为参观者带来了强烈的视觉震撼。值得关注的是，博物馆的外部结构上呈现了迪拜酋长谢赫·穆罕默德用阿拉伯书法书写的诗歌，描述了他对这座城市的愿景。这种设计巧妙地将传统的阿拉伯文化与未来主义的建筑风格结合在一起，不仅展现了阿拉伯文化的吸引力，同时也突出了迪拜作为"未来之城"的科技城市形象。

图 4-3　TikTok 平台迪拜未来博物馆相关内容

　　从展示的内容来看，迪拜未来博物馆展示了人类对当前以及未来5到10年的前沿思维和探索。美国国家地理杂志将其誉为"世界上最美的博物馆"之一，肯定了博物馆的建筑美学及其在内容策划和展示方面的创新。2023年2月，当迪拜未来博物馆庆祝其开放一周年时，吸引了来自163个国家的100万参观者，充分展现了这一新兴城市IP在国际上的影响力。

　　在数字IP的塑造方面，迪拜未来博物馆采用了先进的数字化技术，为观众提供了丰富多彩的数字化体验。例如，虚拟现实展示、全息投影、交互式屏幕等，让观众可以亲身体验未来科技带来的创新和变革。与此同时，迪拜未来博物馆充分发挥了社交媒体平台的传播潜力，通过短视频等多种方式进行了广泛的在线传播。博物馆以其独特的建筑设计和前沿的展览内容吸引了众多用户在线下进行参观和分享，从而形成了一种线下与线上相结合的"打卡"型内容生产方式。数据显示，2023年迪拜未来博物馆在TikTok平台相关短视频的播放超过50万次。

　　迪拜未来博物馆凭借其创新的建筑设计、前沿的展览内容、尖端的数字技术应用和高效的社交媒体平台传播策略，成功地将自己打造成了一个具有全球影响力的城市IP。它已经不仅仅局限于一个物理空间的建筑，更是一个将文化、科技、艺术和未来思维融合在一起的综合平台。无疑，未来的城市IP构建将更加强调物理和数字空间的结合，并且更加注重用户体验和社交媒体平台的传播，从而为城市IP的塑造和文化软实力的提升带来新的可能性。

第四节　洛杉矶：奥斯卡金像奖

奥斯卡金像奖是美国电影艺术与科学学院（Academy of Motion Picture Arts and Sciences）1929年创设的一项年度盛事，已经跨越了近一个世纪，成为好莱坞电影产业最高荣誉。这个奖项不仅是对电影制作、演出和创意的最高赞誉和奖励，而且已经变成了以好莱坞为代表的洛杉矶电影产业的标志性IP，并逐渐成为城市的一个重要的文化标志。奥斯卡金像奖的出现和演变，深刻地揭示了文化产业与城市形象之间的密切联系，以及文化IP在塑造城市品牌方面的核心作用。

在2023年第95届奥斯卡颁奖典礼上，华人面孔的大量出现无疑是一个巨大的关注点。祖籍福建的马来西亚籍华人杨紫琼主演的功夫奇幻片《瞬息全宇宙》力压德国战争片《西线无战事》成最大赢家，共拿下七项大奖，而杨紫琼更是成为历史上首位获得最佳女主角的亚裔女演员。最佳男配角获得者关继威和最佳导演关家永都是美籍华人，而最佳女配角的提名名单中也有两名华人演员，分别是电影《鲸》中的周洪和《瞬息全宇宙》中的许玮伦。此外，中国香港演员甄子丹也登上了当年奥斯卡的舞台，作为表演节目的介绍嘉宾。本次奥斯卡为《瞬息全宇宙》颁发了多个奖项，这不仅是对电影本身的肯定，也是对其中体现出的诸多中华文化元素和思想的认可。这种文化的交融和碰撞不仅丰富了电影艺术的表现形式，也为全球观众带来了更加多元的影视文化体验。

近年来，奥斯卡金像奖充分拥抱数字技术，逐渐建立了一个包括会员结构、数字博物馆和在线商店在内的数字营销产业链。可以说，

图 4-4　YouTube 平台上的第 95 届奥斯卡专题视频内容

数字化转型为奥斯卡 IP 价值的扩展和转化开辟了新的路径。借助数字化平台，奥斯卡不仅有机会与全球的观众进行更深入的互动，还可以开辟新的收益渠道，进一步提升其作为文化品牌的持续发展潜力。因为这一盛会在历史沉淀、影响力、经济效益以及文化象征等领域的综合作用，使得奥斯卡与洛杉矶紧密相连，成了这座城市的一个重要 IP，生动展现了洛杉矶作为世界影视之城的地位和魅力。

第五节　纽约："WE ♥ NYC" 城市新标识

城市形象标识是城市在媒体和公众心目中的一种具象化的认知图式，是提升城市软实力的核心视觉形象。纵观全球顶级城市，独特的城市标识已成为城市的视觉符号 IP，可以塑造一座城市在公众和媒体认知系统中的美学图景。

城市标识 IP 的形态多样，包括抽象或具象的城市符号、字体性标识、开放性标识等。其中，字体性的标识在可以传达明确信息的基础上，又有着一定的自由度。1977 年，设计师米尔顿·格拉泽（Milton Glaser）所设计的"I♥NY"标志，正是这种字体标识的典型实例。这个标志最初被用作纽约的旅游宣传语，但随着时间的推移，它逐渐被转化为纽约州的官方标志。经过长时间的文化积淀，"I♥NY"已经不仅仅是一个标志，而且还成了纽约的文化象征和反映全球时尚潮流的 IP。这一变迁趋势表明，高质量的城市标识性 IP 不仅可以增强城市的辨识度，还可以作为城市文化传承和品牌价值扩展的重要工具。

图 4-5　米尔顿·格拉泽创作的经典图像标识

2023 年 3 月，纽约市启动了名为"WE♥NYC"的城市推广活动和相应的新标识，这是对传统"I♥NY"标识的一次创新修改。其变化不仅体现在设计的语言表达上，而且还包含了更加深远的社会含义。通过将"I"替换为"WE"，纽约市希望展现出在面对后疫情时代的各种挑战时的包容性和集体韧性。数据显示，2023 年纽约的国际游客人数增至 1160 万，比前一年增长了 23.4%。这种复苏的精神力量，同样也是这一标识性 IP 希望传达的内容。从设计的视角出发，新的标志使用了 Helvetica 字体，展现了更具现代感、轻盈愉悦的视觉效果，而红心也增加了反光色泽。

"WE♥NYC"这一标识推出后在多个领域得到了广泛应用，如印刷宣传、地铁广告看板和附近的纪念商品等，展示了城市标识 IP 在城市推广和品牌扩展方面所具有的巨大可能性。这不仅提高了标识的可见性，还为城市带来了附加的经济价值。目前，"WE♥NYC"的官方 Instagram 账号已发布了 500 多条城市宣传活动内容，获得了超过 8 万名粉丝的关注。然而值得注意的是，在国际社交媒体平台上，关于"WE♥NYC"标识的讨论呈现明显的两极分化的态势。分析发现，该标识推出后在 X 等社交媒体平台收到了大量纽约民众的负面评论，反对者大多认为其破坏了米尔顿·格拉泽创作的图像标识的经典性，而宣传活动主办方和支持者则表示该活动无意颠覆经典标识，而是通过经典 IP 的再诠释体现对于城市复苏的支持，是展现纽约市民的力量和团结精神的一种积极尝试。这样的争论本质上也是一场有一定意义的公众对话，它有助于提升大众对于城市标识性 IP 的关注度。可见，城市标识性 IP 的转变不只是一个设计层面的问题，同样也是一个涉及公共情感和城市身份认同的复杂的社会议题。

第六节　伦敦：伦敦马拉松

伦敦马拉松是世界上最负盛名的马拉松之一，自 1981 年开始举办，也是世界马拉松大满贯赛事之一，吸引了来自世界各地的顶尖长跑选手和数以万计的业余跑者，已成为伦敦的标志性体育活动之一。作为当年度全球最热门的体育赛事之一，2023 年伦敦马拉松吸引了来自 148 个国家的 48000 名参赛者，并在 197 个国家在线播出。

伦敦马拉松 IP 的形成得益于赛事与城市的深度融合。伦敦马拉松的比赛路线穿越了伦敦市内许多著名的地标性建筑和景点，如白金汉宫、伦敦塔桥、伦敦眼等。这一设计方案不仅赋予了参赛者一种与众不同的赛事体验，而且还巧妙地将马拉松赛事与伦敦的城市景观融为一体，使得伦敦马拉松成了一个展示城市吸引力的关键平台。近年来，伦敦马拉松已经不仅仅局限于体育赛事的范畴，而是演变成了代表伦敦城市活力和文化吸引力的体育文化 IP。

伦敦马拉松 IP 的另一个特点是与慈善精神的紧密结合。作为全球最大的慈善公益赛事，伦敦马拉松自 1981 年举办以来，已经成功筹集了超过 7.5 亿英镑的慈善资金。据了解，每年大约有三分之一的参与者是出于慈善目的而参与伦敦马拉松比赛。在 2016 年伦敦马拉松赛上，31 岁的前英国陆军上尉大卫·塞茨在距离终点线约 5 公里的地方突然晕倒，最终不治身亡。在塞茨逝世后，人们通过募捐和跑完最后 5 公里的方式，向其表示哀悼，捐款总额超过 14 万英镑。这种融合体育精神和慈善观念的方法，不仅提升了伦敦马拉松赛事在社会上的影响力，也为其 IP 注入了更深层次的人文价值，为伦敦马拉松赋予了独特的意义。

在数字传播的大背景之下，伦敦马拉松的主办单位充分发挥了社交媒体平台在 IP 持续经营和传播方面的优势。伦敦马拉松通过在 Instagram、X 等多个平台上设立官方账号，提供多角度的图文内容，实现了与全球观众的实时互动和信息共享。数字化的传播渠道不仅

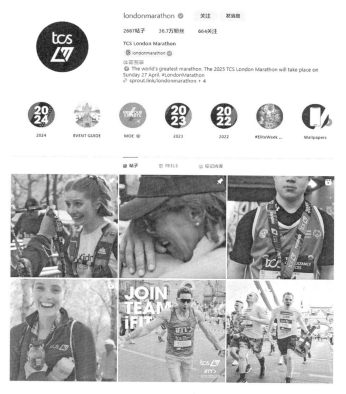

图 4-6　伦敦马拉松 Instagram 官方账号

增强了赛事的影响力，同时也为赛事 IP 的持续运营开辟了新的途径。尽管 2023 年伦敦马拉松没有创造出新的世界纪录，但赛道纪录的刷新和多项赛事亮点使之成为 2023 年度全球最受欢迎的体育赛事之一，这在很大程度上得益于其高效的社交媒体平台传播策略。

伦敦马拉松作为一个标志性的体育类城市 IP，充分诠释了体育赛事是如何与城市的文化、社会公益和数字传播紧密结合的。如今，伦敦马拉松早已不只是一场体育活动，更是展示城市文化的场所、社会公益的平台以及城市品牌的标志，为全球城市在创建独特的体育 IP 和增强城市体育文化的品牌价值上提供了参考。

第七节　上海：咖啡文化枢纽

咖啡文化是海派文化与上海记忆的重要载体，是上海与国际城市共同拥有的"话语体系"。咖啡不仅已经深深地融入了上海这座城市的文化基因，更已成为这座城市最鲜亮的IP之一。

上海之所以能够成为咖啡品牌试验地的最佳选择和中国本土精品咖啡品牌成长的摇篮，主要得益于其包容多元的消费群体、浓厚的咖啡文化氛围以及民众对高质量精品咖啡的旺盛需求。这种独特的文化生态不仅推动了咖啡产业的蓬勃发展，也为城市IP的塑造提供了丰厚的土壤。数据显示，截至2023年底，上海已有超过9500家咖啡店，上海企业咖啡生豆出口总额占全国比重超四成，出口浓缩精汁或以咖啡为基本成分的产品总额超2145万元，相比2019年增幅超70%，是当之无愧的"咖啡之都"。

城市IP不仅是城市形象的象征，更是国家软实力的重要组成部分。通过网络数据挖掘可以发现，近年来全球主流搜索引擎中关于"上海咖啡"的内容及搜索量也均呈现明显跃升态势。全球关注的焦点不仅限于上海不断涌现的新咖啡品牌和创新产品，还包括对咖啡在这座海派城市历史中所扮演的独特角色的深入解读。更重要的是，通过咖啡这一载体，国际社会得以感受中国消费市场的蓬勃活力和巨大潜力，以及"活力中国"为世界经济复苏注入的澎湃动力。

在国际流行社交媒体平台上，与"上海咖啡"相关的内容精彩纷呈，从"中国味"的特色咖啡饮品，到一众小而精致的咖啡馆"打卡点"，咖啡透过数字传播的滤镜传递出一种年轻化、潮流化的生活方式，也让上海这座城市的美好生活特质通过氤氲的咖啡香气蔓延全球。

图 4-7　"在上海　品世界"上海国际咖啡文化节

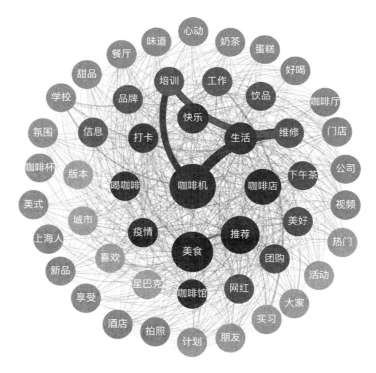

图 4-8　与"上海咖啡"有关的社交媒体内容高频关键词共现图

咖啡不仅仅是与经济、文化、生活息息相关的符号，更可能成为城市形象构建的重要推动力。系列短片《四季咖啡馆》以"咖啡＋电影"的形式，通过咖啡馆这一叙事空间串联起普通市民的生活点滴，展现上海独特的城市气质；上海城市形象资源共享平台IP SHANGHAI与星巴克创新城市IP合作，联合推出了一款名为"上海"的咖啡，共同讲述充满着咖啡香气的城市品牌故事。可以预见的是，未来的上海将更加深刻地融入全球咖啡版图，依托咖啡这一具有世界语言的城市IP，让世界更好地透过咖啡认识上海，也让更多人感受到魔都的"啡"常活力。

上海咖啡文化枢纽IP的形成，提供了几点重要启示。首先，城市IP的构建应该立足于城市的产业特色、文化基因和历史积淀，同时应当与全球化、国际化的话语体系相契合，才能孕育出真正具有世界影响力的城市IP。其次，城市IP的发展需要多元化的产业支撑和创新的文化表达形式，消费是推动IP扩散的最有效途径。最后，城市IP的价值不仅体现在经济效益上，更在于其对城市形象的塑造和文化软实力的提升。通过持续创新和优化，上海的咖啡文化枢纽IP有望在提升城市国际影响力、促进文化交流和推动经济发展等方面发挥更加重要的作用。

第八节　巴黎：巴黎音乐剧

巴黎的音乐剧文化历史悠久，从19世纪的浪漫主义歌剧到21世纪的现代音乐剧，巴黎一直是音乐剧演出与创作的中心。巴黎音乐剧与百老汇和伦敦西区的音乐剧有所不同，它更多地聚焦于宏伟的历史主题，并大量引用古典文学、传说或其他历史文化材料进行艺术创作。同时，巴黎标志性的歌剧院，如奥斯曼时期的巴黎歌剧院（Opéra Garnier）和现代的巴士底歌剧院（Opéra Bastille），不仅是建筑艺术的杰作，也是全球音乐剧爱好者的朝圣地。这些场馆以其超强的艺术表现能力，常年上演着从古典到现代的各种音乐剧作品，展现了巴黎在音乐剧领域的深厚的文化底蕴，并成为巴黎音乐剧 IP 形塑的空间载体。

　　近年来，巴黎不断推出融合传统与创新的音乐剧作品，如《唐璜》《巴黎圣母院》《摇滚莫扎特》等，这些作品在全球范围内都享有极高的声誉。通过将经典文学作品与现代音乐剧元素结合，巴黎的音乐剧制作人不仅赋予了这些作品新的生命，也让全球观众能够以新的视角欣赏到经典的魅力。在中法建交 60 周年之际，2023 年，法语原

图 4-9　法语音乐剧
《摇滚莫扎特》上海站演出海报

版音乐剧《摇滚莫扎特》与《巴黎圣母院》带着两台共 40 场上海站演出票火速售罄的成绩回归，刷新了海外音乐剧在上海的售票纪录，这在中法社交媒体平台上均引发广泛关注。

　　此外，巴黎成功地通过多样化的数字传播手段，将其音乐剧文化传播到了全球。巴黎音乐剧产业通过融合传统的表演艺术和现代的数字技术，不仅拓宽了观众的视野，还增强了音乐剧带来的艺术感受。2023 年巴黎国

家歌剧院进一步打造了数字平台"3e Scène"，提供与传统舞台表演不同的数字空间创作艺术体验。通过这一平台，观众可以欣赏到专为在线观看而创作的短片、舞蹈视频和音乐剧制作幕后的独家内容。同时，巴黎的音乐剧院也利用直播技术，使得全球观众能够实时观看到音乐剧的演出，打破了时间和空间的限制。例如，2023年巴黎歌剧院曾通过其社交媒体平台直播多部经典和当代音乐剧的演出，这不仅让音乐剧触达了更多的观众，也为无法亲临现场的音乐剧爱好者提供了宝贵的观看机会。通过这些数字传播实践，巴黎不仅将音乐剧IP传播给了更广泛的国际受众，也推动了音乐剧艺术形式的创新和发展，让"音乐剧之城"走向世界。

第九节　东京：东京电玩展

"动漫天堂　霓虹之城"是东京代表性城市符号的一种浓缩，而东京动漫游戏之城形象的形成则与相关的国际性节庆会展活动有着密切关联，其中东京电玩展正是这样一个代表性的城市IP。它不仅展现了东京在全球游戏产业中的核心地位，更成了这座城市创新精神和科技实力的重要象征。

东京电玩展（Tokyo Game Show TGS）始创于1996年，是仅次于美国E3游戏展的全球第二大游戏展览，在亚洲乃至全球游戏圈都有着巨大的影响力。每年举办一次的东京电玩展是亚洲地区最具影响力和权威性的游戏行业盛会之一，也是全球最重要的电子玩具及相关产业博览会。东京电玩展主要展示了各种游戏机、相关的娱乐软件、电脑游戏以及与游戏相关的周边产品，几乎每一届东京电玩展都会有重磅游戏产品发布。这一游戏界的盛会不仅为全球游戏产业提供了一个重要的交流和展示平台，更成为东京乃至日本游戏文化软实力的重要体现。

图 4-10　2023 年东京电玩展海报

2023 年 9 月 21 日，为期四天的 2023 年东京电玩展在日本千叶县幕张国际展览中心开幕，共吸引到来自 44 个国家和地区的 787 家公司参展。本届东京电玩展主题是"游戏悦动　世界幻变"，这一主题旨在诠释虽然过去几年全球不断受到负面事件影响，但游戏前进的步伐却无法阻挡，希望各界携手，将只有游戏才能做到的事情发扬光大，让游戏引领世界，成为全球成长的助力。

相较疫情前 2019 年总来场人数达 262076 人，2022 年东京电玩展因为还处于疫情期间，实际到场参观者仅 138192 人。而 2023 年观展人数跃升至 24 万人，虽然没有打破历史成绩，但已经几乎回到疫情前水平，充分展现了城市复苏的力量。

2023 年东京电玩展的一大亮点是展示了多款重量级新游戏，如世嘉游戏公司的《无尽地牢》《如龙 7 外传：无名之龙》《索尼克：超级巨星》，ATLUS 公司的《女神异闻录 3：Reload》和《女神异闻录 5：战略版》，以及 EA 公司的《EA Sports FC 24》、PLAION 开发的《风火轮爆发 2：超载》和《收获日 3》等。上述诸多新游戏的亮相也进一步助推了 2023 东京电玩展相关内容在社交媒体平台的数字传播。游戏资讯网站 IGN 在 YouTube 上推出的东京电玩展视频专辑，进一步扩大了展会的影响力，使其成为全球游戏文化交流的重要平台，强化了东京作为全球重要游戏之城的形象。

图 4-11　游戏资讯网站 IGN 在 YouTube 推出的东京电玩展视频专辑

东京电玩展的重新火爆折射出 2023 年全球展会的复苏图景，不仅提升了东京作为全球游戏之都的地位，同时也为东京这座城市的品牌形象带来了正面效应。展览涵盖了最新的游戏技术，以及 VR、AR 等前沿科技，展示了日本游戏文化的魅力和特色。它早已经不仅仅是一个游戏展览，而且通过 IP 打造与传播体现了东京充满活力、创新和科技的城市文化。这一融合游戏文化、科技创新和城市形象的综合性 IP，为东京在国际舞台上塑造了独特的文化标识。

第十节　杭州：亚运时间

继 1990 年的北京亚运会和 2010 年的广州亚运会后，杭州第 19 届亚运会成为中国第三次承办的具有亚洲最高标准的国际综合体育赛事。杭州利用举办亚运会的契机，充分整合了优质城市 IP 资源，形成独具本土魅力又有高辨识度的"亚运 IP 矩阵"，全面展现了"数字亚运　绿色之城"的城市形象。通过数字技术的全面应用，杭州亚运会在赛事组织、观众服务、城市管理等多个方面实现了前所未有的智能化水平，为全球体育赛事的数字化转型提供了宝贵经验。

本届杭州亚运会的办赛理念为"绿色、智能、节俭、文明"，其中以"智能"为核心的数字赋能与科技支撑成为本届赛事的亮点，而电子竞技则首次作为亚运会正式比赛项目亮相，得到了大量关注。同时，亚运 IP 与杭州城市历史文化的结合成了本届亚运会的一大看点，尤其是具有中华传统文化特色的开、闭幕式吸引了国际媒体的目光。拉美社在报道中说，"亚运会是该地区最重要的体育盛会，本次亚运会开幕式的科技含量很高，展现了东道主杭州的传统文化和特色元素"。

在亚运城市 IP 全球推广方面，杭州通过多种数字媒介形式和国际传播渠道进行了探索。例如与中国外文局联合举办第四届"第三只眼看中国"国际短视频大赛，把"精彩亚运　韵味杭州"设为年度单元，征集了来自世界各地的各类短视频作品超 6.5 万余部。同时推动杭州官方海外账号积极发声，充分发挥了"Hangzhoufeel""杭州亚运会"等官方海外账号的作用，开设"相约杭州 @ 亚运"等 20 余个亚运国际传播专栏，累计推出 2 万余条亚运资讯，不仅扩大了亚运会的国际影响力，也向世界展示了杭州作为一座开放、包容、现代化国际城市的形象。

图 4-12　杭州国际传播品牌 Hangzhoufeel 在 YouTube 开设的频道

统计数据显示，杭州第 19 届亚运会的相关新闻被中央广播电视总台报道累计达到了 414.23 亿次，观众通过电视观看亚运会的次数多达 341.53 亿次，而通过新媒体的观看和播放量更是高达 72.7 亿次。电视赛事的转播时间超过了 630 小时，创下了新的纪录。在科技、文化和数字传播等要素联动下，杭州亚运会在国际社交媒体平台上的影响力持续攀升，成了 2023 年国际社交媒体平台关于杭州这座城市讨论最热门的话题之一（见表 4-1），更加速形塑了国际化的城市 IP，为城市的发展和建设注入了新的活力和动力。同时，亚运 IP 的形成也将持续赋能城市发展，推动城市在经济、文化、旅游等多个领域实现更大的发展和突破，从而在全球城市形象的竞争中占据更加有利的位置。

表 4-1　Instagram 平台杭州相关热门话题标签

热门话题标签	发文量（条）
#hangzhoulife（杭州生活）	20967
#hangzhouasiangames（杭州亚运会）	18188
#hangzhou2022（杭州 2022 亚运会）	16580
#hangzhouwestlake（杭州西湖）	11069
#hangzhoukerrycenter（杭州嘉里中心）	9402
#hangzhouspark（杭州闪电队）	8180

第五章
城市数字形象 IP 的传播机制分析

    前文研究城市全球数字传播的情况，从不同指标维度进行了比较分析，在一定程度上反映了全球各主要城市在数字传播过程中的优势与不足，同时通过 IP 分析展现了各大城市在城市 IP 全球传播方面的标志性品牌符号。本章将以全球城市形象数字传播的各个维度为主线，介绍具有数字传播实际成效以及典型经验借鉴意义的城市案例，尤其是在具有全球影响力的城市 IP 打造方面，探寻全球城市在城市形象数字传播领域各具特色和有借鉴价值的典型经验做法，深入分析城市如何参与并助推数字传播的各个环节，为城市 IP 的全球传播提供更多的生动案例与借鉴样本。

第一节　北京：中国元素＋社交媒体，"冰墩墩"助力城市形象数字传播

    大型国际体育赛事作为城市形象传播和提升数字传播能级的战略

平台，其重要性在全球化和数字化时代愈发凸显。2022 年冬奥会使得北京的城市形象借助冰墩墩这个生动的传播载体在全球范围内迅速出圈，也向世界展示并传递出了可信、可爱、可敬的中国形象。冰墩墩的走红源于中国元素与现代设计语言的碰撞融合，充分彰显了新时代的文化自信自强。同时，通过充分"玩转"社交媒体平台，北京冬奥会充分激发了多元主体共同参与构建城市数字形象的活力，不仅使赛事获得了数十亿次的互动数据，也让北京的新时代城市形象在高频、有效的互动中通过数字传播深入人心。

一、城市形象借助冰墩墩走红海外社交媒体

2022 年 2 月，国家主席习近平在会见来华出席冬奥会的摩纳哥元首阿尔贝二世亲王时说："我听说这次准备回去给孩子带冰墩墩……你选一对你心爱的冰墩墩带回去，带给你的孩子，向他们致以祝福。"这一举动体现了两国外交关系中亲切而活泼的元素，也从侧面体现了冰墩墩在全球的"火爆出圈"——在冬奥会进行实况报道的日本记者辻冈义堂在直播中展示了工作牌上的 6 个冰墩墩徽章，并向日本人民疯狂"安利"；美国滑雪选手麦迪·马斯特洛发布的冰墩墩短视频播放量超 800 万次，吸引了来自全球各地的网友关注……冰墩墩的形象设计巧妙地结合了大熊猫憨态可掬的特质和充满科技感的冰晶外壳，在社交媒体平台上一经曝光就迅速吸引了海外观众的注意，有效地拉近了北京这座城市与国际观众之间的心理距离。中国元素与现代科技的搭配，满满的设计感使得北京形象借助冬奥会再一次"出圈"，赢得了国际市场的一致叫好，带动一大批冰墩墩的海外粉丝成

为城市数字传播的"气氛组"。

二、中国元素 + 现代设计，夯实新时代文化自信自强

在冬奥会的开幕之夜，有超过100万的网友纷纷涌向奥林匹克的官方旗舰店，冰墩墩的众多周边产品"秒空"；线下门店更是"一墩难求"，售卖冰墩墩周边的门店均大排长龙，队伍长度超过1公里……冰墩墩话题也一度霸占社交媒体平台，受到广大国内民众，尤其是年轻群体的广泛追捧。冰墩墩的设计体现了当代国潮元素魅力，赋予了传统文化新的生机，迎合了年轻群体的审美趣味，因此得以成为风靡社交媒体平台的网红萌物。同时，这背后也体现了新时代广大民众的文化自信和对于中国元素深深的自豪感，当这一元素与当代科技结合后，使得广大民众对于北京这座城市心向往之，点燃了他们对于体育文化的巨大热情。

三、多元主体参与北京数字形象搭建

从意外走红的"新晋网红"冰墩墩，到被外国运动员盛赞的冬奥村智能机器人，再到因志愿者的温暖热情而感动落泪的美国运动员特莎·莫德……大批外国运动员和记者"沉浸式打卡"内容在冬奥会期间引爆了国际舆论场，掀起了一阵以冬奥会为主题的北京形象海外传播的热潮。随着直播和短视频媒介应用的日益普及，北京冬奥会的参赛运动员作为个人信息源，通过手机这一"小屏幕"记录和分享他们的日常见闻和感受，这些内容又被国际主流媒体通过"大屏幕"进行

转播和传播，形成了一种具有媒体融合特征的联动传播现象。参赛运动员以其独特的第一视角展现了"身边的冬奥会"，自然而然地将北京的城市符号融入背景信息之中，大大增强了中国语境表达的真实感和场景化体验，成为极具说服力和感染力的国际传播窗口。基于移动终端的数字传播技术，北京这座城市以其独特的体育文化魅力和多元的城市风貌吸引了无数"行走的麦克风"在社交媒体平台上主动发声，呈现出丰富多彩、立体饱满的城市形象，以崭新的面貌引领全球民众一起向未来迈进。

第二节　纽约：以数字基础设施和数据开放驱动数字生产

在数字城市建设方面，纽约一直备受世界瞩目。纽约在数字内容生产方面的优异表现，离不开智慧数字城市的底层支持。数据被视为纽约未来城市建设和发展的核心，它在纽约市的基础设施更新、数据的公开透明以及文化产品的数字化传播中都起到了至关重要的作用。这种数字化的内容生产模式，以数字基础设施和数据的开放性为驱动力，不仅体现了纽约在智慧城市建设方面的前瞻性思维，而且为全球其他城市的数字基础设施建设提供了宝贵的经验和参考。

一、顶层设计与底层创新双向赋能

作为全球著名的科创中心，纽约率先将数字智能技术应用于各基础行业，为智慧城市的发展提供了深厚的土壤。纽约市在 2014 年启动了名为"Link NYC"的免费高速 WiFi 无线网络项目，该项目将城市中的旧电话亭改造为一个免费的高速互联网通信中心，不仅为市民提供了免费的无线网络、手机充电和紧急电话等服务，更潜在地推动了在城市各个角落触手可及的数字内容生产与传播。在 2020年，纽约正式宣布将加速执行《纽约市互联网总体规划》。该规划旨在为各个行政区提供高速的互联网接入，并启动面向未来数字城市发展的"新基建"项目，从而全方位地提高城市的数字化程度，并为数字内容创作者提供一个高度互联和资源丰富的创作环境。近几年，纽约还推出了如 PlaNYC、OneNYC2050 等一系列综合性的数字智能城市计划，这些计划为城市数字内容的生成提供了基础性的支撑。

二、以数据开放助推数字生产

数据开放是纽约智慧城市建设的重要特点之一，也是推动数字内容生产的又一重要举措。纽约市在 2012 年正式批准了《开放数据法案》，首次把政府数据的大规模公开纳入法律体系中。这项具有里程碑意义的法律允许市民从市政部门获取大量与城市相关的数据信息，包括地铁和公交的实时运行数据，甚至包括纽约市每条街道的绿化树信息。这种空前的数据透明度，不仅为广大市民带来了实实在在的数字化福利，而且为数据分析和应用开发者们提供了源源不断的创意灵感。为了激励市民更好地查阅和利用政府提供的数据，纽约市政府在其官方网站上特别设立了一个名为"OPEN FOIL NY"的信息入口。

通过这个服务入口，市民可以向纽约的 50 多个城市政府部门和公共服务机构提交数据开放的申请。这一数据开放策略，有效地激发了纽约市民对于城市管理的参与意愿。纽约市对数据的开放不仅为广大市民带来了数字化的便利，同时也催生了众多专注于数据分析和特定应用开发的网站及创新团队，极大地促进了数字内容的生成，并带来了巨大的商业价值。

三、加快推动传统文化产业数字化转型

在数字革命深度嵌入传统文化产业的背景下，纽约的数字文化企业开始将更多的数字技术引入传统戏剧和音乐剧，依托百老汇等演艺空间，催生了大量的数字化制片发行等数字技术型企业，推动舞台艺术在数字时代的升级迭代。据美国商务部发布的《传媒娱乐产业全球重要市场研究报告》，纽约是全美数字传媒娱乐产业布局的核心之一，根据拍摄设备及技术数字化、文化产品和数字流媒体内容传播等维度细分出了多个产业中心，从而迅速成为全球数字影视娱乐市场的引领者，进一步推动海量的优质文化作品数字化生产。综合来看，纽约市通过建设先进的数字基础设施、实施开放的数据政策、推动传统文化产业的数字化转型等，成功地构建了一个繁荣的数字内容生产生态系统。这一以数字技术为中心的城市发展策略，不仅增强了城市的总体竞争优势，同时也为全球其他城市的数字化转型过程积累了宝贵的实践经验。纽约的成功实践充分表明，数字基础设施的健全和数据资源的开放与共享是促进数字内容生成和推动数字经济增长的核心要素，而数字内容的生产又将进一步推动城市形象的数字传播。

第三节　迪拜："虚实合一、未来已来"，构筑元宇宙中心城市

迪拜不仅经济、旅游业发达，而且在智慧城市建设方面走在全球城市前列。迪拜擅长前瞻性地规划技术应用，并积极迎接数字时代的新挑战。它成功地将元宇宙、区块链、虚拟资产、NFT 等近些年新兴的数字技术整合到城市传播的各个方面，朝着一个虚拟与现实相结合的未来城市方向不断前进。

一、以数字传播技术驱动数字城市生活

自从 2018 年数字迪拜（GITEX）项目开始实施"无纸化战略"后，迪拜在智慧城市建设的多个方面都运用了数字传播技术，充分展示了其在数字化转型过程中的坚定决心和勇气。数据显示，迪拜的 43 个主要政府机构和公共部门的数字化程度已经达到 98.86%，覆盖了超过 1800 种公共服务和 10000 多个核心流程。这一数据展现了迪拜对于建立全面、高效的数字政务系统的持续努力。迪拜政府把提高市民的满意度和幸福感作为核心目标，通过为市民提供一系列综合性的数字服务平台，致力于为超过 300 万的迪拜居民提供轻松、便捷、高质量和高效率的数字生活体验。这种把用户放在首位的服务哲学，显示了迪拜在智慧城市建设中对人本主义理念的应用。为此，迪拜政府专门推出了名为"幸福指数"的 App，该 App 允许用户在移动设备上对所有政府提供的线上和线下服务进行实时评价，让政府有能力与公众进行广泛而便捷的数字化交流，还为政府提供了一个直接、高

效的途径，以便更加主动地听取各种建议并适时地调整其政策方向。

图 5-1　"迪拜智慧政府"（DSG）执行办公室开发的"幸福指数"App

二、借助短视频推动城市形象数字传播

迪拜积极拥抱新媒体和新兴的数字传播媒介，自 2019 年 TikTok 进入迪拜市场以来，短视频媒介在迪拜民众的数字传播活动中受到了广泛的欢迎。例如迪拜王储、迪拜执行委员会与 TikTok 等平台合作发起的 #Dubai30×30 健身挑战等全民数字实践活动，旨在通过社交媒体平台的多元互动让迪拜成为一个更快乐、更健康、更宜居的城市。2021 年，一项由全球知名行李寄存公司 Bounce 进行的调查，分析了全球热门旅游目的地在 TikTok 上的浏览量，列出了该应用上的十大热门旅游目的地，其中迪拜位居全球第二。其奢华的酒店、餐厅、超现代的建筑和充满活力的夜生活吸引了无数游客前来打卡并通过社交媒体平台进行数字分享，充分展现了迪拜的城市实体在短视频媒介中活跃的互动关系及其在全球范围内广泛的影响力。

三、将城市传播植入虚拟现实，打造元宇宙中心城市

迪拜是全球最早将元宇宙技术融入城市发展的城市之一。2022年，迪拜正式成立元宇宙委员会，开展"迪拜元宇宙战略的关键支柱和目标"专项研究，旨在将迪拜打造成"元宇宙中的关键城市"。与此同时，迪拜虚拟资产监管局（Virtual Assets Regulatory Authority，VARA）正式宣布将对元宇宙进行监管，并在虚拟世界中设立了元宇宙总部（MetaHQ），这标志着全球顶级城市在元宇宙领域的首次布局。这一措施不仅为虚拟经济的稳健增长提供了坚实的制度支撑，同时也为其他城市在元宇宙领域的管理实践提供了借鉴。

图 5-2　MetaDubai 元宇宙城市项目

迪拜在元宇宙领域的布局不仅仅局限于推动虚拟经济发展，更在于推动"虚实合一"的城市形象数字传播格局。目前迪拜政府已经宣布计划与私营公司和投资者合作，致力于创建一个未来主义并且

以人为本的元宇宙城市"MetaDubai"，充分挖掘元宇宙带来的机遇。MetaDubai 是一个融合了区块链、NFT、AI 和去中心化数据存储技术的元宇宙城市模型。它通过整合主流应用程序，并支持社交、NFT和游戏等元宇宙玩法，利用大量用户资源，成功构建了一个内容丰富、令人印象深刻的元宇宙迪拜世界，并鼓励用户进行跨平台的传播与分享，吸引越来越多的用户加入元宇宙，助力虚拟世界中的城市传播。可以想象的是，虚实结合的元宇宙城市，将为数字传播赋予更多的可能性，开辟未来世界城市形象新的建设窗口。

第四节　伦敦：打造数字时代的全球最美城市

有这样一句话——"如果你厌倦了伦敦，你就厌倦了生活，因为伦敦有能给予你生活的一切。"当提到伦敦这座城市，没有人会否认它的美丽和优雅，气质与时尚。在数字传播技术迅猛发展的今天，伦敦凭借其独有的吸引力成功地融入了数字传播的大潮，并在全球互联网领域持续展现新的活力。

一、加快城市生态转型，促进绿色传播

伦敦三分之一的城市空间专门用于绿化，被公认为是全球首个国家公园城市。伦敦拥有 151 个已注册的公园和花园，8 个皇家公园，以及 4 个被联合国教科文组织认定为世界遗产的单位。作为全世界第一座国家公园城市，伦敦绿化面积高达 47%，树木数量高达 800 万

棵，这些绿色要素都为世界游客充分感受和融入城市，推动城市"绿色传播"奠定了基础，有助于伦敦在全球互联网中充分营造绿色环保型城市的面貌。同时，伦敦的市政府深知数字媒体技术在打造城市形象中的核心地位，积极利用各种数字化平台进行环保主题的推广活动。例如，通过一系列的在线网络会议，成功举办了首届"伦敦气候行动周"环保主题活动，并通过社交媒体平台的广泛传播，不断强化伦敦作为全球致力于应对气候变化的领先国际中心的形象。

图 5-3　"伦敦气候行动周"系列活动主题海报

二、打造英伦风情的国际文化教育，推动城市形象国际传播

在笔者前期开展的《国际文化大都市全球评价分析》报告中，伦敦在"国际文化教育"分类中排名全球第一，在"国际文化传播"分类中排名第二。国际文化教育是全球城市建设中的重要一环，不仅有利于培养国际化人才，而且能够推动国际文化交流的展开，助力传播城市文化。1999 年，布莱尔政府启动了"国际教育首相倡议计划"，标志着英国教育正式迈向国际化的全球战略。如今，作为全球最佳留

学城市，伦敦有近 50 所国际性高等学府，丰富的国际文化教育资源与国际化人才资源在给城市带来发展潜力的同时，也赋予了伦敦雄厚的全球内容传播基础，使得伦敦独特的城市文化不断向世界辐射。伦敦的一些高等教育机构，如伦敦大学学院、帝国理工学院、伦敦政治经济学院等，不仅在学术研究和教学质量上有着很高的声誉，同时也是推动伦敦文化传播的重要力量。这些高等学府通过接纳来自世界各个角落的学子、策划国际学术对话以及实施跨文化研究项目等多种途径，持续地向全球推广伦敦独有的城市文化。

三、挖掘城市历史文化资源，推动数字传播

　　伦敦作为一个拥有深厚历史背景和丰富文化遗产的城市，充分运用数字技术来传递城市的历史和文化价值。伦敦借助新媒体的强大传播能力，成功地对其城市历史进行了"再活化"，为古老的文化遗产在数字化时代注入了新的活力。在 2022 年，英国金融网站 Money. co.uk 通过对 Instagram、TikTok 和 YouTube 三大社交媒体平台的数据进行深入分析，得出结论：伦敦在这三大社交媒体平台上的受欢迎程度最高，是全球最具吸引力的城市。在数字平台上，伦敦的数字传播"网红打卡点"种类繁多，包括了不同历史阶段和文化领域的代表性建筑和旅游景点。无论是壮观的威斯敏斯特宫，还是坐落在泰晤士河边的大本钟，抑或是被誉为"伦敦之门"的塔桥，还有作为"网红打卡点"的"伦敦眼"大型观景摩天轮，都已成为全球社交媒体平台上备受关注和分享的焦点。除此之外，伦敦也积极推动市民和游客通过各种社交媒体平台来分享他们在城市生活中的各种体验和捕捉到的瞬

间，不断扩大伦敦在全球数字空间领域的影响力。伦敦通过创新地融合历史文化遗产和现代数字技术，成功地在全球网络空间中塑造了一个融合了古老与现代、传统与创新元素的城市形象，向打造数字时代全球最美城市的目标不断迈进。

第五节　新加坡：数字媒体转型助推"花园之城"IP塑造

新加坡是全球知名的"花园之城"，而这一IP的形成也离不开近年来新加坡向全球数字媒体中心转型升级的浪潮。随着大量的媒体公司陆续进驻这个被称为"花园城市"的地方，新加坡的城市形象开始在电影和电视产业中频繁展现，许多知名国际会议和文体活动也选择在此举行。这样的战略性产业布局不仅促进了新加坡数字文化产业的壮大，同时也为其城市形象在全球范围内的传播开辟了多样化的途径。如今，"花园之城"的城市IP正在通过更多的数字传播手段走向全球，进一步提升了这座宜居城市的品牌形象。

一、依托视觉化数字媒介传播城市IP

新加坡政府充分认识到视觉化内容在社交媒体平台上的核心地位，并巧妙地利用社交媒体平台数字传播的特性来推广其城市IP。滨海湾金沙酒店因其标志性的"网红"设计——无边泳池和"大帆船"造型，在社交媒体平台上赢得了广泛的好评，多次被Instagram

官方评选为"Instagram 中上镜率最高的酒店"。在社交媒体平台的大力推广下，滨海湾金沙逐渐变成了公众对新加坡的首个认知印象，被越来越多地誉为"狮城地标"。这一以视觉冲击力为中心的传播手段，成功地把新加坡的现代形象深深地植入了全球观众的内心。与此同时，新加坡正在全方位塑造滨海湾地区的数字形象，推出了一系列标志性的城市空间 IP。这些项目涵盖了东南亚最顶尖的金沙会议展览中心、吸引了数百万游客参观如莲花盛开一般的艺术科学博物馆，以及亚洲最受欢迎的金沙购物中心等多个标志性建筑。此外，新加坡通过与多个品牌的广泛合作，成功地吸引了包括席琳·迪翁和泰勒·斯威夫特在内的全球音乐领域的明星来新加坡参与各种演出活动。同

图 5-4　滨海湾金沙酒店官方 Instagram 账号

时，新加坡还引入了各种风格独特的国际艺术表演，并策划了具有创新性和高曝光度的展览。这些活动不仅丰富了城市的文化生活，还在全球范围内增加了城市IP的曝光和传播机会。通过一系列举措，新加坡成功地塑造了一个融合了绿色生态、现代化、多元文化以及创新思维的国际化大都市形象。

二、通过引进知名媒体与娱乐公司推广城市IP

新加坡作为东方和西方文化的交汇点和交流桥梁，丰富多样的文化环境使其拥有能够激发各种创意和培养创造力的丰沃土壤，也因此受到了全球商业品牌和娱乐企业的高度青睐。在最近的几年中，新加坡依托优质的营商环境及扶持性政策，成功地吸引了多个国际传媒领域的领军企业落地，包括迪士尼、福克斯、HBO亚洲台、探索频道等多个国际传媒品牌先后进入了新加坡市场。基于此，新加坡进一步利用这些顶尖公司所拥有的丰富的媒体资源，将城市的形象融入各种作品中，并成功制作了一系列在全球影视领域具有影响力的作品。如《雾锁南洋》《人在旅途》《石龙岗之路》等精品电视剧一经播出便在全球范围内吸引了大量的忠实观众。这些作品不仅多维度呈现了新加坡的城市特色，还通过各种跌宕起伏的情节向全球的观众展现了新加坡深厚的文化吸引力。此外，近年来新加坡精品电影层出不穷，如《小孩不笨》《爸妈不在家》《热带雨》等先后荣获多项国际大奖，在全球社交媒体平台不断引发讨论，进一步加强了新加坡在全球电影领域的影响力。这些文艺作品从多个角度展现了新加坡的城市特色，并向全球的观众呈现了新加坡的文化多样性和城市现代化的进程。

三、通过大型会议与会展活动传播 IP

　　近年来，新加坡凭借"国际会议之都"的打造多维度传播城市形象，尤其是数字媒体领域，新加坡积极打造具有国际影响力的媒体盛会，为城市形象全球数字传播提供宝贵契机。新加坡在会展领域关注以"内容制作"为核心的活动。以 2014 年启动的新加坡媒体节为例，它涵盖了众多的大型活动，如亚洲电视论坛、新加坡国际电影节以及亚洲电视大奖评选等。新加坡媒体节以"亚洲媒体产业创新与发展"为主旨，通过举办一系列富有创意、形式多样且贴近大众生活的主题展览，向人们展现了一个新兴媒介环境下的全新视觉文化世界。这一系列的主题活动集结了全球媒体行业的精英，特别是在通信、娱乐、信息技术和数字多媒体等关键领域，不仅加强了新加坡在 3D 动画和移动端游戏技术方面的积累，还间接促进了新加坡城市 IP 数字传播能力的提升。此外，新加坡还举办了如亚洲绿色建筑展、世界书展和

图 5-5　新加坡媒体节主题活动网站

国际航展等标志性品牌活动，并在各种会议和文化活动中巧妙地融入了城市的形象元素。同时，新加坡也在积极地运用数字科技手段，通过如线上直播和云会议等多种数字化手段扩大其受众基础，以便让参会的嘉宾和线上观众能更深入地体验狮城的生态美学，并在不知不觉中感受"花园之城"所具有的独特吸引力。

总体而言，新加坡成功地利用视觉化的数字媒体来传播城市 IP，吸引了知名的媒体和娱乐公司来提升城市形象，并通过举办各种大型会议和展览活动，将其"花园之城"的城市 IP 推向了全球舞台。新加坡的成功实践充分表明，在数字时代背景下，塑造城市 IP 品牌不仅仅依赖传统的推广策略，而且需要采用多角度、全面的数字传播手段。随着数字技术的持续发展和创新应用的不断出现，新加坡无疑将继续在全球城市 IP 品牌数字传播方面持续发力，充分发挥其在生态和文化等领域的优势，在国际舞台上全方位展示自身独特的吸引力。

第六节　首尔：打造电竞生态之城 IP

自 20 世纪 90 年代末期开始，韩国的电竞行业在政府的"文化立国"战略支持下得到了飞速的增长。韩国电竞赛事从最初的自主开展到逐步的规范化管理，再到被纳入官方体育体制中，经历了漫长而曲折的过程。1999 年，韩国电子竞技协会（KeSPA）的成立标志着电子竞技得到了更为有效的组织和监管，逐步演变为专业化的体育活动。目前，电子竞技产业已经在世界范围内崭露头角，成为韩国第三大的竞技体育和具有标志性的城市 IP。

　　作为韩国首都、韩国主要的电竞重镇，首尔在打造"电竞之城"的城市IP方面具有自己独特的运营逻辑。一方面，首尔积极承办大型电竞赛事，并通过高密度、高组织化程度的全球媒体宣传，提升"城市＋电竞"知名度；另一方面，首尔通过打造T1电竞大楼、LOL PARK等城市电竞场馆地标，借助社交媒体平台对年轻人进行大面积推广和文化传播，吸引全球的电竞爱好者将其视作"电竞圣地"。除此之外，首尔对于网吧、电竞酒店等城市电竞公共空间的大力支持，也促进了社会自下而上的电竞生态的健康发展。

一、电竞IP品牌形成：大型电竞比赛与公共媒体宣传

　　为打造"电竞之都"城市名片，首尔积极承办多种大型电子竞技比赛，并通过媒体宣传提升"赛事＋城市"知名度。考虑到电子竞技的迅速崛起和城市文化的活力，首尔政府投入了相当多的资源推广电竞赛事和建设电竞设施。首尔OGN电竞体育馆是由首尔市政府、韩国文化体育观光部、首尔产业振兴院以及CJ E&M游戏频道OGN共同出资建设的，是世界上最大的电竞场馆之一。这座体育馆于2016年3月在首尔完工，也是韩国政府为电竞和游戏专门设计的第一个电竞馆（2020年受到新冠疫情冲击，该场馆随OGN投资减少而关闭）。除此之外，首尔还有龙山电竞馆、三星电竞馆、上岩电竞馆等多家专业比赛场地，可以为大型电子竞技赛事提供专业性的承办服务支持。

　　在基础设施完善、政府支持力度高的前提下，首尔积极承办电子竞技类比赛，扩展城市IP知名度。自2007年开始，首尔积极举办每

年一度的 e-Stars 首尔电竞节，并邀请全球各路战队参加比赛，同时，此类赛事还设置玩家和爱好者互动环节，极大提升电子竞技在民众心中的知名度。此外，首尔也大力支持各类电子竞技赛事的筹备和举办。2023 英雄联盟的全球总决赛（简称为 "S13"）在韩国首尔的成功举办极大地推动了首尔电竞城市 IP 的形成，而其中大多数的比赛环节是在首尔的 LOL PARK、KBS 体育场以及高尺天空巨蛋进行的。

媒体宣传方面，在政府支持下，S13 在全球的宣传铺设广泛、影响力巨大。英文媒体方面，由韩国组合 Newjeans 演唱的总决赛主题曲 GODS（中文翻译为《登神》）在 YouTube 发布第四天即突破 1500 万次播放量。在本土宣传方面，各类赛事传播也不遗余力。早在 2021 年，英雄联盟的开发商拳头游戏就与韩国 SBS 电视台合作推出相关电竞综艺，而 S13 赛事期间，韩国 MBC Game、Ghem TV 等各类电视台、线上直播渠道对于赛事的采访、转播、解说更是层出不穷。媒体的热度进一步激发了城市 "电竞热"。赛事宣传期间，首尔城市内的商业屏幕巨幅广告、地铁宣传片、会场线下立牌等宣传方式也屡见不鲜，高密度、高组织化程度的媒体宣传，强化了 "电竞之城" 的国际知名度，深化了全球对其城市 IP 形象的认知。

二、城市电竞地标 IP 打造：电竞大楼与游戏公园

地标性建筑是城市 IP 文化的缩影，也是城市营造自身独特的记忆点时不可忽视的一环。在首尔，T1 电竞大楼是电竞爱好者到首尔打卡的重要地标。T1 是一家国际电子竞技俱乐部，拥有《英雄联盟》《无畏契约》等分部。旗下《英雄联盟》战队 T1（曾用名 SKT）曾屡

次获世界级赛事冠军，并诞生 Faker、Bengi 等知名电竞选手。因此，战队所在的 T1 大楼，成为众多电竞爱好者的"朝圣之地"，并围绕此衍生出多条"观光打卡"路线。T1 大楼在设计时也充分考虑此需求，外观采用醒目的红色和具有锐角感的线条设计，打造出独特的视觉形象。楼体内部设置有战队周边贩售店铺、内部网吧、咖啡厅等区域，方便粉丝参观和拜访。在国内外社交媒体平台 X、小红书、微博上，均有战队粉丝发布自己的"打卡"记录。

另一处著名的"城市游戏地标"是竣工于 2018 年的《英雄联盟》场馆 LOL PARK。这座场馆坐落于首尔钟路区，由韩国拳头官方斥巨资打造，1600 平方米的场地全部用来展示 LOL 文化，是名副其实的《英雄联盟》"公园"。LOL PARK 内部设置有《英雄联盟》的奖杯展厅、知名竞技队伍的队服展厅、周边商店和主题网咖，随处可见游戏元素的装饰。这些地标性建筑，也为城市增添了知名度，并成为城市 IP 建设过程中独特的风景线。

三、城市电竞空间的毛细血管：网吧文化盛行

电子竞技的发展对于网速和电竞设备等硬件有一定的要求。20 世纪 90 年代末期，随着电竞的兴起，街头网吧开始以惊人的速度增长。作为家庭、学校之外，青少年接触网络的"第三空间"，网吧给电子竞技的后备军——青少年群体提供了一种"在线游戏＋线下社交"的良好平台。网吧一方面可以为玩家提供电子竞技的基础设备，另一方面，许多网吧是小型业余电竞比赛的举办方，是电竞文化氛围的积极塑造者。

作为电子竞技之都，首尔分布着大量的网吧。据韩国国税厅数据显示，2022 年韩国网吧数量超过 8000 家，其中首尔的网吧分布最为密集。因此也有一种说法称，"在首尔，每隔六百米就能看到一个网吧"。网吧作为游戏文化孕育与发展传播的公共空间，为城市营造了电子竞技活性化的环境。首尔的网吧是电子竞技人才的摇篮，也是构建城市电子竞技生态最微观的毛细血管。

第七节　广州：全媒体矩阵提升城市形象智慧传播新能级

数字时代，城市 IP 的智慧传播越来越依赖于移动终端的智慧应用界面打造，"南方 +"客户端作为南方报业传媒集团推出的一款创新型的主流媒体平台产品，成功地整合了 App、小程序、数字报和"两微"等多种移动端界面，极大地提升了城市形象智能传播的新高度，并创造了一种独特的"南方 + 速度"模式。

一、搭建主流媒体传播矩阵，引领数字传播转型

"南方 +"客户端致力于积极搭建创新型的传播平台，通过构建新型主流媒体的传播矩阵，以促进媒体融合的深度发展。这样一个多维度、多层次的信息传播矩阵不仅增强了信息传播的速度，扩大了信息传播的范围，同时也为受众创造了多样化的信息获取途径。"南方 +"与《南方日报》《南方》杂志和南方新闻网形成合力，共同打造了广

东独特的"一报、一刊、一网、一端"全媒体结构。目前，"报网端"的传播网络已经覆盖了超过 1.5 亿的用户群体，这一庞大的用户基数不仅展示了"南方+"客户端的巨大影响力，同时也为广州城市形象的传播推广提供了坚实的基础。在传播生态构建方面，南方号平台已成功吸引了数千家机构入驻，已成为广东地区规模最大的政务新媒体汇聚平台，为城市信息的传播提供了高效便捷的一站式渠道。

图 5-6 "南方+"全媒体矩阵

二、以数字技术推动"融媒"向"智媒"跃升

在数字化转型的大潮中，"南方+"产品研发团队着力增强其自主技术和产品的研发实力，借助大数据、AI 人工智能、新媒体实验室以及线上线下全场景运营等前沿技术，持续创新传播策略手段，以推动数字内容的生产和传播模式的创新。在数字技术的推动下，"南方+"系列产品的自主研发和数字传播能力持续增强，产出了一系

列拥有自主知识产权的智能传播技术和产品应用。例如，基于大数据技术的"南方+"移动融媒体平台项目荣获王选新闻科学技术奖一等奖；"面向移动新媒体的传媒大数据智能服务平台建设及其示范应用"获得广东省的重大科技专项资金支持。近年来，"南方+"产品研发团队已经累计提交了 5 项专利申请，并成功获得了 29 项软件著作权，这些数字技术的积累为平台的持续发展提供了坚实的基础。

三、传媒智库助力智慧城市发展

近年来，传媒智库已经成为传统媒体的主要发展方向之一，并在城市形象的发展建设中占据了不可替代的地位。自 2018 年起，由南方党建智库、南方经济智库、南方法治智库、南方教育智库、南方数字政府研究院、广东乡村振兴服务中心、南方周末研究院、南都大数据研究院、南方舆情数据研究院等十大智库联合组成的南方传媒智库矩阵陆续推出了一系列高品质且具有影响力的智库产品和服务，包括深度调研报告、指数榜单和咨政报告等。这些智库所提供的产品和服务不仅为政府的决策过程提供了宝贵的参考，同时也为广大社会公众提供了一个深入思考城市发展的途径。2019 年，南方传媒智库矩阵正式发布了南方传媒智库数据服务平台，进一步加速了传媒智库数据生态的建设，逐渐形成了一个以广东省为基础，辐射到大湾区的传媒智库数据服务平台，为智慧城市建设提供了智库数字传播的新途径，有力地支撑了智慧城市的形象建设，为城市发展提供了强大的智库支持。

第八节　深圳：以数字经济为引领，塑造"青春之城"形象

深圳作为中国特色社会主义先行示范区，积极挖掘和打造以社会主义核心价值观为中心的开放多元、兼容并蓄的城市文化品牌，将数字产业与城市形象有机融合，并在全国率先提出建设"青年发展型城市"的理念，通过一系列举措擦亮"深圳对青年更友好，青年在深圳更有为"的城市名片，打造出数字时代的"青春之城"形象。

一、年轻化的数字文化与城市形象互动共生

数字经济、数字文化是深圳的引领性城市名片，其中青年发挥着重要的主力军作用。第七次全国人口普查结果显示，深圳市民平均年龄仅为 32.5 岁，可以说具有打造"青春之城"的良好的年龄结构基础。作为中国改革开放前沿地之一，深圳有世界最大的电子信息产业基地和最具活力的人才市场，也孕育着众多优秀创新创业成果。在深圳特区成立的 40 多年间，无数的年轻人从四面八方涌向这座城市，用自己的智慧和努力在这片土地上留下了青春的印记。腾讯、华为、大疆等创新型企业在这片土地上不断开拓进取，为深圳打造了一张张令人瞩目的科技名片。"深圳速度""深圳精神""改革之都""创新之城""时尚之都"等称号，为深圳注入了丰富的精神和文化底蕴，勾勒出一个年轻鲜活的深圳城市文化形象，有力助推了其城市数字文化形象的品牌传播。

二、以创新举措打造"青年发展之城"

2017 年 9 月，深圳在全国率先提出建设"青年发展型城市"的品牌构想，将青年与城市的融合发展上升到新的战略高度，先后推出了一系列服务青年、吸引青年的创新举措。为解决毕业生求职难、住宿难问题，深圳率先探索和建立"青年驿站"，有效地推动解决了毕业生在求职和住宿等多个方面遇到的问题；此后深圳市政府先后出台《深圳青年发展规划（2020—2025 年）》《关于先行示范建设青年发展型城市的实施意见（2021—2025 年）》等一系列全过程服务青年的改革创新措施，擦亮了"深圳对青年更友好，青年在深圳更有为"的城市形象金名片。深圳通过构建一个对青年成长有益的社会和政策环境，逐渐形成了一个全面支持青年发展、创新和创业活动的生态体系，为广大青年在深圳追求梦想和实现事业目标提供了坚实的基础和宽广的舞台。

三、打造国际交流合作与志愿服务平台，推动青年数字传播

青年群体是城市形象数字传播的主力军。近年来，深圳除了相继举办了国际青年大会、国际青年创新大会、世界青年创业论坛、中非青年领导人论坛和非洲国家政党青年领导人研修班等国际活动，还通过各种不同的途径和多样化的渠道来加强国际化的交流与合作，先后创建一系列青年创新合作的重要平台，例如青年梦工场、X-SPACE 国际青年创客峰、深圳国际创客周等青年品牌活动，为全球青年提供

了一个展示才华、实现梦想的平台，并鼓励各国青年通过社交媒体平台等数字媒介积极对外传播深圳城市形象，在全球数字空间进一步凸显世界各国青年乐于在此扎根创业、生活、奉献的"青春之城"国际形象。通过一系列举措，深圳正在全球范围内塑造一个充满活力和机会的城市形象。它向全世界传递出一个讯息：这座城市不只是为年轻人提供了一个追求梦想的平台，同时也借助年轻人的力量，不断地创造属于未来的城市形象。在数字经济的推动下，深圳正逐渐形成稳固的"青春之城"形象，吸引着来自全球各地的年轻人在这里追求他们的梦想和塑造他们的未来。

第九节　杭州：智能技术塑造"数字亚运"IP

杭州亚运会向全世界展示了最前沿的技术元素，从赛事筹备到举办，再到后续传播，数字技术的身影无处不在。得益于云计算、大数据、人工智能、物联网、区块链和增强现实等尖端技术的广泛运用，杭州亚运会不仅成就了科技与体育的完美结合，同时也为这座城市注入了一种令人惊叹的科技氛围。科技与体育的深度融合不仅增强了比赛的吸引力和参与度，还为未来大规模体育赛事的组织提供了创新的模式。

一、高科技开幕式擦亮"数字亚运"招牌

作为亚运会史上首个开幕式数字点火仪式，杭州亚运会的火炬点

火方式不仅让全球的观众感到新奇和震撼，也为亚运会这项国际体育赛事创造了一个无与伦比的瞬间。这一创新方式实施的核心在于区块链技术的应用，杭州亚运会也是全球首个采用此技术进行火炬传递的活动。在亚运会主火炬点燃的场景中，有超过1亿名实时在线的"数字火炬手"汇聚于手机屏幕前，共同形成了一个虚拟数字火炬手的形象。全球观众目睹它从钱塘江畔一路奔跑至体育馆上空，与现场的火炬手同步点燃主火炬。

为打造"数字亚运"的品牌IP，杭州亚组委率先在全球范围内发布了亚运数字人平台，为即将到来的数字体育盛事奠定了基础。倒计时100天时，随着亚运会火炬传递活动正式开始，杭州亚运会的线上火炬接力活动也拉开了序幕。得益于数字技术的强大支持，亚运会的数字火炬手们纷纷通过各种形式参与到这场线上的大型传递活动之中。这一创新设计将传统的"火炬传递"扩展至数字领域，让全球关注亚运会、热爱体育的观众在数字世界中享受亚运会所带来的"虚拟＋现实"的沉浸式体验，从而打造出覆盖范围最广、持续时间最长的线上火炬传递活动。此外，数字点火仪式还巧妙地应用了尖端的数字人技术，通过AI的捏脸和动作捕捉等多种程序，展示了数万亿种具有独特风格的数字人形象。这使得每一位参与者都有机会通过"数字火炬手"的个性化形象，为数字亚运留下难忘的记忆，并为这一盛大的体育活动注入更多属于每个个体的独特魅力。

二、虚拟技术推动全民互动全民参与

亚运会在比赛现场的互动环节中，巧妙地采用了AR（增强现

图5-7　"亚运元宇宙"平台

实）技术，这一创新应用极大地提高了观众的参与度和沉浸感。观众只需通过亚运会官方的互动小程序，就可以与现场的节目进行互动，从而感受丰富多彩的沉浸式互动体验，实现如"吉祥物在大莲花上俏皮地探出头来致意"等令人惊叹的视觉效果。得益于 AI 算法的强大支持，开幕式上的 AR 互动识别成功率超过了 95%。

杭州亚运会巧妙地结合了人工智能、空间计算和 3D 渲染等前沿技术，并通过图形互动引擎的进一步优化，使得场馆内的 AR 互动表现达到了影视般的细致和真实感。此外，亚运会还推出了"亚运元宇宙平台"，创新性地将 AI 智能、数字孪生、VR 等技术融为一体。在这个元宇宙平台上，观众能够体验到亚运知识、元宇宙观赛、智能互动等创新功能，仿佛置身于一个充满沉浸感、多姿多彩、互动性强的虚拟世界。同时，全球观众通过元宇宙平台，可以有机会以虚拟角色的身份观赏比赛、进行体育活动、游览城市，从而获得一种前所未见的元宇宙旅行体验。值得一提的是，亚运会还为电竞比赛专门创设了电竞元宇宙空间，这使得观众可以在这个虚拟的世界里，体验到与众不同的观赛乐趣。这种结合虚与实的创新设计不仅为观众带来了更丰富的观赛体验，同时也为传统体育赛事的展示带来了全新的视角。

三、数字技术提升信息服务水平

杭州充分利用了先进的数字技术，推出了名为"杭州亚运行"的App。这款应用能够实时整合杭州亚运会、比赛成绩、亚运村的服务和场馆的最新动态等多种信息，为用户提供了"手持一机，信息即有"的便利体验，全面满足了比赛参与者和相关赛事人员的各种需求。数字化的参赛服务平台无疑为杭州亚运会带来了创新的活力，显著提升了参赛者和观众的整体体验。除此之外，杭州亚运会还创新性地推出了电子身份注册卡，以数字化手段简化了入境通关流程。在"出入境"的场景中，利用电子身份相关的技术，参赛者只需要在注册时提交一次信息，就可通过"杭州亚运行"App来申请电子身份注册卡，从而可以更加轻松快捷地完成通关程序。这些数字技术不仅为参赛人员带来了便利，同时也成为杭州城市管理者提升便民服务水平和信息化能力的重要工具，共同塑造出"数字亚运"的城市形象 IP。

图 5-8　"杭州亚运行"App

第十节　哈尔滨：依托数字传播打响冰雪旅游 IP

自 2023 年冬季开始，在社交媒体平台的推动下，全国的冰雪旅游市场呈现出持续的繁荣趋势，哈尔滨因其丰富的冰雪资源和独特的文化吸引力，迅速在网络平台崭露头角，成为国内最受欢迎的旅游目的地之一。可以说，在哈尔滨引发的冰雪旅游热潮中，数字媒体的赋能发挥了极其重要的作用，数字媒体不仅促进了旅游信息的广泛传播，还深刻地影响了游客的目的地选择和旅游体验，最终形成了现象级的全民旅游活动。

一、网络"造梗"掀起传播热潮

从 2023 年底到 2024 年初，哈尔滨冰雪旅游通过在网络社交媒体平台的多维度展示和宣传，迅速崭露头角，成为国内各大网络平台和主流媒体的头条，同时也吸引了众多国内外游客前来感受冰雪魅力。事实上，这一现象的出现并不是偶发事件，而是多种因素共同影响的结果。从哈尔滨到"尔滨"再到"滨子"，内容创作者对冰城的爱称因其自带流量的"网感"迅速出圈。紧随其后，一系列具有地域特色和文化内涵的网络"梗"随之产生。例如，用"南方小土豆"描述江浙、闽粤等地的南方游客，用"小砂糖橘"形容广西幼儿园的孩子们，用"小熊猫"形容四川的孩子们，以及用"小茅台"指代贵州的中小学生们。这些城市的"萌"化修辞很快就变成网络上具有高辨识度的"标签"，并转化为高好评度的游客的同义词，进一步加强了外

地游客对哈尔滨的关注，在不知不
觉中塑造了一种基于当地特色的文
化归属感。紧随其后，"哈尔滨更有
性价比""哈尔波特""凛冬之城"等
词汇的流行也反映出游客对哈尔滨
的认可与喜爱。短时间内，哈尔滨
依托网络"热梗"吸引了大量流量，
冰雪旅游的IP也逐渐凸显。

图5-9　"南方小土豆"网络热梗在
短视频平台爆火

二、数字传播助推旅游浪潮

在哈尔滨引发的冰雪旅游热潮
中，短视频内容的快速传播可以说
发挥了决定性的作用。统计数据显
示，在围绕哈尔滨冰雪旅游的1100多万条关联信息里，视频类型的
信息所占比例高达47.71%。在抖音这一平台上，与哈尔滨旅游攻略、
指南、游记等相关的视频内容达到了333万条，而评论的数量更是高
达702万条。这大量的信息不只是展现了大众对哈尔滨旅游的深度喜
爱，同时也凸显了社交媒体平台在旅游资讯传播中的核心作用。报道
数据显示，在抖音平台，仅"哈尔滨冰雪大世界"相关视频的播放总
量就超过了76亿次。通过视频的方式，哈尔滨的风景、美食和当地
的风俗民情得到了更为生动、形象和直观的呈现；而一些网络博主发
布的视频则具有更强的亲近感和互动性，容易激发网友之间的情感共
振，从而吸引了大量网友的关注和转发，进一步推动了相关信息的传

图 5-10　抖音平台"哈尔滨旅游"
相关热门内容

播。从 2023 年下半年开始，"攻略"这个热门词汇的相关信息热度逐步增加；在 2023 年的 11 月和 12 月，单日的信息数量分别达到了 1.0 万条和 1.5 万条；而到了 2024 年的开年第一个星期，单日的信息数量激增到了 2.8 万条。大量的旅游和美食博主纷纷发表哈尔滨旅行攻略内容，迅速提升了哈尔滨旅游的吸引力，而各种细致的旅游攻略对于提升游客的旅游体验也起到了关键的作用。这类信息的迅速扩增，既体现了大众对哈尔滨旅游日益增长的兴趣，同时也凸显了数字平台在辅助游客做出决策和增强旅游体验方面的作用。

三、国际传播助力打造"冰雪盛会"

随着哈尔滨冰雪旅游 IP 在国内社交媒体平台上的走红，哈尔滨的旅游热度也吸引了国际社会多个国家和媒体的注意，体现了哈尔滨冰雪旅游 IP 的国际影响力。许多国家都对中国东北的旅游业给予了高度评价，特别是在欧洲，一些北欧国家由于和中国东北在纬度和冰雪资源上有许多相似之处，所以给予了哈尔滨格外的关注。英国《每日邮报》的报道表示："在中国，不可思议的冰城哈尔滨——气温可低至零下 35 摄氏度——吸引了游客们的目光。"哈尔滨的旅游热潮也引发了众多外国 UP 主的浓厚兴趣，他们不仅希望深入了解哈尔滨这座城市的历史文化，还渴望亲身感受这个冰雪之城带给人们的快乐与惊喜。英国博主"Barrett 看中国"在社交媒体平台上分享了他的哈尔滨旅行体验视频。视频中，他通过体验冰灯和冰雕等方式，深度感受了哈尔滨这座城市的独特魅力以及冰雪文化，并连连发出惊喜的赞叹。

图 5-11 英国博主"Barrett 看中国"发布的哈尔滨旅游体验视频

为了进一步提升冰雪旅游 IP 的国际影响力，哈尔滨市在冰雪季期间陆续推出了 Instagram、YouTube 和 Facebook 等海外社交媒体账号，全面构建了冰雪旅游的 IP 形象。这一多平台、多渠道的国际传播策略不仅提升了哈尔滨冰雪旅游的国际知名度，还通过与海外观众的直接互动，增强了国际传播的针对性和有效性。在冰雪季期间，这些账号紧紧抓住了热门话题，增加了内容的投放，为海外的粉丝不断地"种草"，从而完成了从"我了解了中国的哈尔滨"到"我真的很想去哈尔滨"的转变。这一从认知到情感，再到行为的演变过程，体现了社交媒体平台营销在全球旅游推广活动中的重要作用。哈尔滨出圈后，一些海外旅游博主和摄影师纷纷与哈尔滨的社交媒体账号进行联动合作，博主 @passportmy 的游记视频在哈尔滨的社交媒体账号和 @china.travel 账号上进行合作发布，获得 15.3 万次观看，5000 多次点赞。此外，为助力哈尔滨本次冰雪季国际传播，新华网外文频道加大发稿力度，共发布包括英语、法语、西班牙语、阿拉伯语、俄语、日语、韩语、德语和葡萄牙语在内的 75 篇多语种报道，在世界范围内扩大曝光，通过外宣媒体矩阵与国际社交媒体平台的联动共同助推哈尔滨冰雪旅游 IP "破圈突围"。

第六章
打响全球城市数字形象 IP 的上海实践

　　近年来，上海在建设有影响力的社会主义国际文化大都市的进程中不断迈出坚实步伐，涌现出一批具有生命力、体现上海城市特色的 IP，从城市特色文化产业到全球传播新标签，多元城市 IP 的孕育和生长是上海在因地制宜培育发展新质生产力、践行人民城市重要理念等方面的生动表现，充分体现了上海在全面深化改革、推进中国式现代化中发挥的龙头带动和示范引领作用。

　　在全球城市形象 IP 分析和案例研究的基础上，本章立足于人民城市数字传播的上海实践，进一步发掘中国式现代化的竞争优势，对未来上海在全球打响社会主义现代化国际大都市数字形象 IP 的路径进行了分析。本章内容总结了上海在城市形象资源共享平台以及国际传播矩阵建设方面的经验，针对当前上海打造全球城市 IP 面临的新形势、新动态、新挑战，重点分析了上海在红色文化空间 IP、全球电竞之都 IP 等 IP 塑造方面的成效，并提出打造全球咖啡文化枢纽

IP、游戏创新之城 IP 等城市形象 IP 的建议，通过提炼出有价值的典型经验做法，进一步勾勒出上海打响城市形象 IP 的行动路线图。

第一节　IP 的孕育与挖掘：全球城市的新 IP 打造对于上海的启示

随着人们对于美好生活的向往和需求快速增长，现阶段我国城市运营已全面迈入"城市 IP 时代"——特色鲜明、亮点独特的城市 IP，已成为推动城市发展的巨大动能。城市 IP 是根植于城市自身特色，向外界传递城市个性特征的具象符号，对激发消费活力，提振市场信心，恢复经济发展具有重要的现实意义。本书通过对全球城市新 IP 打造的经验梳理发现，流量经济时代涌现出的城市新 IP 普遍具有媒介化、破圈化、生活化的特征，面向未来推动城市 IP 的孕育与挖掘，上海需要更加深入地从城市美好生活中发掘 IP 亮点，以数字渠道、"人人传播"推动 IP 破圈突围，以"包容式监管"和配套服务创造有利于 IP 生长的环境，培育更多具有吸引力的城市新 IP，使之真正成为助推经济社会发展和城市转型升级的重要引擎。

一、全球城市 IP 传播的路径选择

（一）精准培育：扎根城市文化提炼 IP

孕育城市 IP 的核心在于打造什么样的 IP，围绕什么打造 IP。纵观全球城市 IP 传播的成功经验，优秀的城市 IP 应当根植于城市的

历史积淀与文化特色，并与城市气质高度契合。其关键在于充分发掘和利用城市文化资源，并结合数字时代的传播特征进行演绎，塑造出具有广泛识别性和传播性的 IP 符号。如伦敦将英国皇室文化与城市形象充分融合，不断挖掘自身丰富的历史文脉和建筑奇迹，积极融入社交媒体平台、拥抱数字技术，对城市进行多角度呈现，通过充满历史文化气息的城市物理空间与线上网络空间的联动，将白金汉宫、英国皇家卫队等典型英伦文化元素通过数字媒介呈现在全球受众眼前，以视觉化元素表达和渲染出充满古典感的城市面貌，刻画出"最美城市"的数字 IP。迪拜不仅拥有"未来感"的城市建筑和奢华的城市风格，更擅于超前谋划技术应用并积极拥抱数字时代的到来，将元宇宙、区块链、虚拟资产等技术内容运用到城市传播的方方面面。通过对这一极具未来感的城市 IP 的全方位形塑，迪拜迅速推动城市形象向着虚实合一的"未来城市"迈进。城市 IP 的提炼既需要充分挖掘城市本身的历史禀赋和文化资源，也需要找寻全球数字传播趋势下的新动能和契合点，从而形成符合城市气质的符号化 IP，使人们在数字生活中不断强化 IP 与城市本身的关联。

（二）立体形塑：构建形象故事塑造 IP

城市 IP 要想吸引人，记忆点是关键。实现具有全球吸引力的城市 IP 传播，关键在于讲好 IP 背后的城市故事，演绎城市独一无二的文化内涵。通过故事化、拟人化的打造，可以从受众更易"共情"的角度展现城市的文化符号，在个性化叙事中拉近 IP 形象与受众的亲近感。日本的熊本县，原本是个名不见经传的农业小城，而当带有两坨腮红的"熊本熊"成为全球流行的吉祥物，熊本县的知名度也飞速提升，摇身一变成为无数人向往的旅游目的地。基于"城市命名＋动漫形象＋明星式营销"的城市 IP 策略，熊本县策划实施了"失踪的吉祥物""熊本熊腮红遗失事件"等多次故事化营销，让这一 IP 在社交媒体平台持续活跃。日本鸟取县作为《名侦探柯南》作者青山刚昌的出生地，全面地利用和开发了柯南 IP。当地政府将柯南的故事 IP 全方位地植入城市空间，建立了"柯南大道""柯南大桥"，并开通"名侦探柯南号"列车，甚至将当地机场更名为"柯南机场"，真正把柯南的形象及背后的故事融入了城市的每一个角落，鸟取县也因此成了全世界柯南迷的朝圣地。可见，IP 形象背后所呈现的故事内容是助推 IP 真正深入受众脑海并产生具象化感知的关键载体。故事性 IP 的产生既可"追根溯源"，通过与城市有关的人物、历史、文艺作品加以形塑，也可"无中生有"，通过与城市特征结合的内容创作构筑形象识别，以生动的叙事模式引发受众情感共鸣，从而让城市 IP 真正地走入人心。

（三）引流破圈：制造网红爆点打响 IP

在数字媒介环境下，信息的内容体量急剧扩张，IP 破圈需要制造爆点，引发关注和讨论，借助数字传播的浪潮实现传播能级的跃迁。而大型国际体育赛事和全球性文化节庆活动则可以作为扩大城市形象传播影响力、提升城市数字传播能级的宝贵契机。2022 年北京冬奥会期间，大批外国运动员和记者的"沉浸式打卡"内容迅速引爆了国际舆论场，让"新晋网红"冰墩墩意外走红。慕尼黑近年来通过举办啤酒节海报设计大赛对慕尼黑啤酒节进行预热，并通过在官方城市门户网站进行投票的方式激活了互联网传播属性和公众参与度。主题海报的符号化表达进一步提升了网民对于慕尼黑啤酒节的期待，让这一久负盛名的全球性节庆 IP 更好地激发出数字传播的活力。打造 IP 首在符号树立和内容塑造，而打响 IP 则更需要洞察全球数字传播趋势，把握传播热度的最佳窗口期。只有通过 IP 与城市的真实空间、事件或大型文化活动的共振，引起话题性的大规模讨论，才能最大限度地激活民众的传播热情，不断推动 IP 传播并达到内容破圈的"引爆点"，最终形成真正具有全球影响力的城市形象表征。

二、打造城市新 IP 对于上海的启示

（一）多主体参与

数字媒介语境下关于城市的内容生产已演化为一种社会化生产、职业化生产与智能化生产并存的状态。当全球城市传播的主渠道由主流媒体转向社交媒体，"人人传播"已成为全球城市 IP 传播新格局下的一个典型特征。推动更多以个人为主体的"微生产"作为城市 IP 的直接表达，将极大地延伸 IP 形塑的维度，拓展城市 IP 的形象张力，使受众得以从不同维度感知城市魅力。以上海市委宣传部、市委外宣办与解放日报社共同策划制作的《百姓话思想》系列短视频为例，该系列产品通过在沪普通劳动者的个性化讲述，生动地刻画了上海普通百姓在这座城市的亲身经历与所思所想，折射出"人民城市人民建，人民城市为人民"重要理念的生动实践，并在社交媒体平台得到广泛传播，让上海"人民城市"重要理念得到了具象化的诠释。在

城市 IP 的传播实践中，不仅需要充分激发多主体共同参与传播的积极性，也需要通过更多个体化的视角和个性化的故事讲述进一步激发民众的情感共鸣，促进个体情感在 IP 传播中的表达，让城市 IP 更加鲜活、更具生命力。

（二）平台化经营

"平台化"是全球数字媒介技术演化过程中呈现出的一种重要趋势。有学者指出，数字时代的平台已经演变为一种无处不在的基础设施。在这一背景下，全方位地将城市传播与数字平台相结合，发挥平台的基础设施功能，已成为推动城市 IP 传播的关键一环。对于城市管理者而言，可以充分借助数字平台的"可供性"将城市 IP 与市民的传播活动融为一体，如上海城市形象资源共享平台 IP SHANGHAI 推出的"我和我的上海——关于'五年'"故事征集活动，通过数字平台为每一位普通市民提供了表达心声、抒写故事的窗口，促进在城市生活中的个体与城市 IP 的多元互动。同时也可主动搭建具有鲜明城市识别特征的矩阵式传播平台，以更全面的视角推动城市 IP 的精准传播。"平台化经营"是拓宽传播渠道，让城市 IP 获取流量的重要举措。未来，城市可以通过建设矩阵式城市内容传播平台及城市 IP 资源数据库，重点推动现象级点位场景在社交媒体平台出圈，使城市 IP 在短时间内"霸屏"，为城市带来"大流量"；以"IP 授权＋配套服务"的形式促成城市特色 IP 在全域、全产业的覆盖，形成标志性品牌符号，将数字技术的新形态、新要素与城市 IP 的文化内涵相匹配，让 IP 通过数字平台实现系统化的管理与提升。

（三）全要素滋养

城市 IP 的打造既在线上也在线下，既需要包装有吸引力的"城市人设"，需要完善的配套设施、服务体系支撑，也需要精细化的建设和管理加以滋养。唯有如此，城市 IP 才能避免"昙花一现"，成为"过眼云烟"，真正焕发出强大的城市动能与生命力。在城市 IP 数字传播的基础设施建设方面，可以充分借鉴纽约启动的"Link NYC"免费高速 WiFi 无线网络计划、"迪拜智慧政府"（DSG）执行办公室开发的"幸福指数"App 等先进经验，以完善的数字基础设施推动在城市各个角落的数字内容生产与传播。同时，围绕城市特色文旅 IP 的传播"爆点"，需要及时完善公共服务配套和政策供给，为城市 IP 的可持续发展提供全要素的持续滋养。如淄博面对以烧烤为主题的城市 IP 突如其来的火爆走红，迅速完善包括市场服务、旅游信息、交通住宿等在内的一系列配套服务保障，并推出打通"吃住行游购娱"全要素环节的特色文旅产品。对于一座城市而言，IP 的诞生仅仅只是起点，只有不断通过精细化的城市建设和管理培育保护和壮大 IP，推动围绕 IP 的一系列基础设施建设与内涵提升，才能最大限度延展城市 IP 传播的可能性，走向更广更深的"破圈突围"。

第二节　IP 传播平台构建：搭建 IP SHANGHAI 平台，打造数字世界的上海形象

在"平台化"数字技术飞速发展的时代，"人人"已成为城市形象数字传播的主旋律，而数字平台在这个过程中扮演着重要角色。一

个优质的城市形象数字传播平台的搭建，可以推动千万民众的自我生产、自主表达、自发传播，让城市与世界的数字沟通成为现实，从而汇聚起城市形象数字传播的强大合力。

2021 年 11 月，由中共上海市委宣传部指导，市委外宣办牵头搭建的上海城市形象资源共享平台 IP SHANGHAI 正式上线，成为国内首个集聚合征集、共享传播、孵化创新于一体的数字化城市形象资源共享平台。通过对"人人创作、人人展示、人人分享"传播新理念的生动探索，IP SHANGHAI 走出了一条具有中国特色、上海特点的城市形象传播新路，不断助力打造数字世界的上海形象。

一、以数字内容生产汇聚传播合力

数字内容生产是城市形象数字传播的基础动能，只有通过数字平台充分聚合全球传播资源，充分激发城市中多主体的传播力量，才能够最大限度地拓展城市形象构建的深度与广度，为打造数字世界的城市形象汇聚起磅礴力量。

自上线以来，IP SHANGHAI 平台广泛征集视频、图片、声音、文字、出版物、设计等作品。随着数字资源的不断汇聚，平台的影响力也得到了显著增强。截至 2024 年 5 月，IP SHANGHAI 已吸引 820 余家机构入驻、超过 3 万名专业创作者注册，视觉资源总量上百万。与此同时，平台开展了"十佳资源共享机构""年度优秀合伙人""年度资源贡献榜"等一系列评选活动，以多元激励的方式激发"人人生产"的传播活力，持续扩大平台"朋友圈"，汇聚起城市形象数字传播的强大合力。

图 6-1　全市各领域机构广泛入驻 IP SHANGHAI 平台

二、以全民数字参与打响城市 IP

　　"人人参与"是数字时代城市形象构建的变革性特征。在数字媒介兴起前，民众对于城市形象的感知需要通过媒体的中介作用进行传导。而在数字技术飞速发展的社交媒体时代，随着全球民众发布、传播、获取信息的方式快速转向以移动数字技术为基础的社交媒体平台，每个人都成为手持麦克风的传播者，城市形象的传播也演变为多主体传播、全民共同参与的数字化过程。在这样的背景下，如何通过数字平台实现"去中介化"，全方位激发民众数字参与的活力，已成为城市形象数字传播中的一项重要课题。

　　通过构建众创型资源共享模式，IP SHANGHAI 走出了一条激发民众数字参与城市形象构建的新路径。自平台诞生以来，IP SHANGHAI 先后发起多项上海形象推广活动，促进全球用户创作、共享、共同传播上海形象，成功举行了上海市国际传播奖项"银鸽奖"的征集评选和"中华文化走出去"专项资金扶持项目的宣传展示，推动了 IP 资源矩阵的辐射和引领作用；面向全世界发布"在上海，为全球"全球传播企业案例最佳实践榜，这是中国首个以城市 IP 为主题、以企业发展为案例的大型全球传播案例征集活动；由平台精选图片编辑而成的 2022 上海城市形象画册《上海：具有世界影响力的社会主义现代化国际大都市》视频发布后获得百万级播放量和 15 万次互动转发量。

　　以"人人参与"为核心的数字传播，不仅在于持续提升城市在数字空间的影响力，更在于通过与城市空间、城市故事的结合，深刻影响每一位公众的参与和感知，在传播中践行"人民城市为人民"的初心。在抗击新冠疫情期间，IP SHANGHAI 开展"人人守沪，向春而行"故事征集活动，征集图片 1.04 万张，文章 1200 篇，联动全市各类大型抗疫征集活动 20 个，全网浏览量达到 5600 万次。"我和我的上海——关于'五年'"故事征集活动为每一位普通市民提供了表达心声、抒写故事的窗口，收到故事投稿近千篇，活动全网总浏览量达到近 1000 万人次。平台还与星巴克合作创新城市 IP，向全球推出中国首款且是唯一一款的"上海"咖啡，通过"喝杯咖啡，一句话告白上海"上海城市形象主题传播活动引发全网对上海城市 IP 品牌"上海咖啡文化周"的高度关注，让"人人参与"真正成为新时代"人民城市"数字传播的主旋律。

图 6-2　"我和我的上海——关于'五年'"故事征集活动、
"喝杯咖啡，一句话告白上海"上海城市形象主题传播活动海报

三、以澎湃数字传播打造原创爆款

以移动互联网为代表的数字技术的发展，为城市形象传播提供了更加丰富的载体和表现形式。IP SHANGHAI 积极拥抱前沿数字技术，打造了一批出圈的"上海原创"爆款数字产品，不断创新城市精神的时代表达。虎年春节，由 22 万市民参与的数字拜年帖，向全球送出了来自上海的新春祝福；与哔哩哔哩联合发行全国首款主打人民城市实践概念的 IP SHANGHAI 数字艺术品"申生不息"系列，精选五大类城市 IP，数字化表达上海发展成就，全面展现了上海独具魅力的城市形象，让中国式现代化的时代表达被赋予了全新的语言媒介和表现形式，也让上海城市形象的数字传播呈现出生生不息的广阔前景。

图 6-3　IP SHANGHAI 全球拜年帖定制活动、数字艺术品"申生不息"系列

　　展望未来，IP SHANGHAI 需要继续提升平台创新的广度和力度，以移动端 App 产品上线为契机，壮大 IP 创作和传播的"全球合伙人"队伍，打造"上海 IP 故事社区"，全方位拓展海外社交媒体平台传播渠道，积极建设 IP 矩阵，活化上海 IP 故事，以鲜明的差异化路径，构建城市 IP 资源的共创、共享、共赢模式，努力打造数字世界中具有影响力的城市 IP。

第三节　IP 外宣渠道建设：探索城市 IP 国际传播的"上海样本"

　　城市形象的数字传播，已成为当今时代国际传播能力建设的关键环节，是加快推动城市数字化转型、推进数字经济转型升级、提高城市治理现代化水平的重要力量，更是推动高质量发展、创造高品质生活、实现高效能治理的生动实践。近年来，上海主动把握新时代全球城市 IP 数字传播脉搏，精准构筑符合数字时代城市形象传播规律的全球城市形象 IP 识别，通过全方位、立体化的国际传播矩阵建设推动城市 IP 全球传播的能级提升，以城市 IP 激发城市形象传播活力，奋力建设习近平文化思想最佳实践地，全方位展示社会主义现代化国际大都市的风范魅力，向世界展示中国式现代化光明前景的"上海样本"。

一、以传播矩阵建设汇聚 IP 传播合力

数字媒介技术的飞速发展，为城市形象传播插上了"数字翅膀"，加速推动了城市形象数字传播的根本性变革。以算法推荐为代表的数字媒体正在从传播渠道、传播主体、传播内容三个方面重塑城市形象，并深刻影响城市的发展建设。城市形象数字传播已成为具有时代性、前瞻性和创造性的全球城市形象竞争的主阵地，国际大城市正纷纷在这一领域加快布局，塑造数字时代城市形象的新形态。对于上海而言，国际传播矩阵的创新型建设成了推动上海城市形象全球传播的破题关键。

上海致力于在全球传播新格局中搭建具有影响力的传播渠道，积极构建多元化的城市形象 IP 全球传播网络。依托 IP SHANGHAI、Shanghai Let's meet、City News Service（CNS）、ShanghaiEye 等品牌和平台，上海打造了重要的城市形象国际传播基地，塑造出备受国际民众喜爱的城市形象 IP。上海官方城市形象推广的海外英文账号"Shanghai Let's meet"自上线以来，持续发布高质量的内容，已在多

个主流海外社交媒体平台上落地，粉丝总数突破 120 万。该账号在 X 平台上的推文平均阅读量在全国地方政务账号中名列前茅，发布的内容也多次得到了国内外机构、世界 500 强企业以及国际知名人士的转发和点赞。City News Service（CNS）在 2022 年 11 月正式上线，专注于满足在上海的外籍人士对于政策解读、政务服务和生活指南的需求。通过网站、微信公众号、小程序等多种形式，持续满足国际人士的个性化资讯服务需求。2023 年，CNS 推出日语版平台，进一步拓展了产品形态和服务功能，从而更加精准地服务目标群体。同时，由上海文广国际传播中心推出的国际传播超级视频 IP "ShanghaiEye 魔都眼"致力于打造一个与上海作为全球卓越城市地位相符的国际传播立体生态系统。截至 2024 年 1 月，"ShanghaiEye 魔都眼"已在海外社交媒体平台上积累了超过 310 万的订阅用户，覆盖的海外受众总数超过 3.8 亿。"ShanghaiEye 魔都眼"主要借助 YouTube 等数字传播平台，聚焦上海的热点话题，深入解读"魔都"中的中国故事，内容涵盖时事、经济、文化、科技、体育、生活方式以及 Z 世代潮流文化等多个领域，向全球讲述关于上海和中国的生动故事，已成为上海城市形象和城市 IP 国际传播的重要窗口之一。

二、以"人人传播"打响城市 IP

党的二十大报告指出，"鼓励共同奋斗创造美好生活，不断实现人民对美好生活的向往"。城市数字形象 IP 的背后，是城市中的每一个个体在城市中生活实践的点滴，代表了人们对于城市美好生活的向往。在数字时代，每个人都是手持麦克风的传播者，"人人"已经成为城市形象构建的主力军，城市形象传播演变为多主体传播、全民共同参与的数字化过程。这呼唤着城市形象传播领域的工作者以全新的战略眼光重新审视城市形象建设工作，从数字传播、"人人传播"的角度对城市形象建设把舵定向，以全方位的数字化转型推动城市形象数字传播，在数字世界讲述城市生活故事，树立立体化的城市形象。

十一届市委十一次全会强调，坚持"人人都是软实力，人人展示软实力"，这是关于城市软实力的重要思想和哲学观。城市软实力的提升归根到底要靠人的创造力，必须充分激发每个人的积极性和创造性。只有人人起而行之，才能推进城市软实力建设更快、更可持续。近年来，上海通过数字渠道建设、数字 IP 打造、数字传播产品开发等一系列措施推动"人人传播"，持续在数字世界打响"上海文化"品牌，努力开创社会主义国际文化大都市建设新境界，为推进文化自信自强率先探索、形成样本、发挥示范。如 IP SHANGHAI 平台推出的一系列上海城市形象主题传播活动引发全网对"上海文化"品牌的高度关注，让"人人参与"真正成为新时代"人民城市"数字传播的主旋律，先后荣获"中国报业深度融合发展创新案例"、上海文化品牌"最佳国际传播案例"、上海市"工人先锋号"等荣誉。IP SHANGHAI 在 Facebook、Instagram 上的海外账号运营一年，自然增粉约 60 万，年触达海外账号 5600 万个，成为海外平台上最受欢迎的城市形象类账号之一。通过日趋成熟的数字基础设施与愈加丰富多元的数字平台，越来越多的民众通过各种形式参与到城市数字形象的传播与塑造中来，这对于汇聚传播合力、实现城市形象的能级跃迁具有重要意义。

三、面向世界讲好中国城市 IP 故事

打造文化自信自强上海样本，建设习近平文化思想最佳实践地，是上海作为全国改革开放排头兵、创新发展先行者所肩负的重要使命。面对百年未有之大变局下国际话语权的激烈竞争，全面提升社会主义国际文化大都市的全球传播能力，既是文化自信自强的应然指向，也是实现中国式现代化的必由之路。国际传播话语权，是城市 IP 国际传播的根本所在，而内容生产则是向世界讲好中国城市故事的关键。近年来，上海坚持统筹资源、整合力量、打造平台，集中优势力量，利用渠道多样、层次丰富的媒体资源形成了较为完善的国际传播矩阵，支持鼓励更多民间主体参与国际传播工作，鼓励越来越多的文化产品和文化服务走出去，依托丰富的国际人士、海外友人等资源开展了多维度的内容创制，多维度讲好中国故事、传播上海精彩。例如，在多元化视角的内容讲述方面，上海充分发掘自身文化资源优势，不断扩大知华友华的朋友圈，坚持用好新媒体等数字传播平台，《老外讲故事》《百姓话思想》等系列融媒体产品在社交媒体平台和手

图 6-4　"老外讲故事"融媒体产品

机"朋友圈"中掀起传播热潮，通过全方位展现人民城市建设背后的"小微叙事"，充分展现上海法治化、国际化营商环境的建设成效，扩大了上海文化乃至中华优秀文化在国际朋友圈中的知名度和影响力。这些融媒体作品创新叙事者视角，以跨文化传播话语体系和表达方式在海内外引起巨大反响。

面向未来，城市数字形象塑造的全民参与度、个体传播力、平台辐射面将随着城市数字化进程的深入而进一步提升和扩大，这意味着上海需要把推进文化自信自强摆在更加突出的位置，瞄准数字技术发展的前沿方向，守正创新，加快建设习近平文化思想最佳实践地，将"人人传播"的理念充分运用到城市的国际传播中去，以塑造城市形象的全球识别为抓手，在未来数字世界的全球竞争中真正彰显文化自信自强，打造真正具有全球影响力的社会主义国际文化大都市。

第四节　空间 IP：上海红色文化空间 IP 的形象构建与路径策略

《中共中央关于党的百年奋斗重大成就和历史经验的决议》指出，"加快国际传播能力建设，向世界讲好中国故事、中国共产党故事，传播好中国声音，促进人类文明交流互鉴，国家文化软实力、中华文化影响力明显提升"。弘扬伟大建党精神，讲好中国共产党故事，不仅需要生动叙事，更需要空间载体，二者相互辉映、相得益彰，共同构筑起中国共产党的全球形象识别系统，从而在国际社会形成与中国共产党百年奋斗的历史成就相匹配的马克思主义新型现代政党形象。中国共产党的全球形象识别系统，实际上就是党在全球媒体和各国民众心目中最重要的认知图式。认知图式一旦形成，将主导国际社会对一个政党的整体印象、认知和评价，并且很难被轻易改变。而红色地标作为建构中国共产党的全球形象识别的鲜明要素，在推动塑造政党形象，构筑全球民众对中国共产党的认知图式方面具有无可比拟的重要性。

　　上海作为"党的诞生地"，拥有丰富的红色文化空间资源，而这种红色文化空间资源无疑需要进一步转化形成城市的标志性红色文化空间 IP。习近平总书记对传承和弘扬红色文化高度重视，强调"要用心用情用力保护好、管理好、运用好红色资源"，"增强表现力、传播力、影响力，生动传播红色文化"。2017 年 10 月 31 日，习近平总书记在带领中共中央政治局常委瞻仰上海中共一大会址时说，"毛泽东同志称这里是中国共产党的'产床'，这个比喻很形象，我看这里也是我们中国共产党人的精神家园"，"上海党的一大会址、嘉兴南湖红船是我们党梦想起航的地方。我们党从这里诞生，从这里出征，从这里走向全国执政。这里是我们党的根脉"。习近平总书记关于红色文化的一系列重要论述实际上为红色文化空间 IP 的形象构建指明了方向。作为党的优秀革命历史文化的载体，红色文化空间只有转化为具象化的形象 IP 识别，才能真正构筑起民众对于红色文化的认知图式，这对于上海的红色文化空间 IP 形象构建具有重要的启示意义。本部分研究通过数字媒介平台的多元媒介主体对上海红色文化空间的报道进行深入分析，研判上海红色文化空间 IP 建设的现状及形象特征，并就进一步打造有影响力的上海红色文化空间特色 IP 提出对策和建议。

一、上海红色文化空间 IP 的形象内容分析

在数字媒介渗透至人类生活方方面面的媒介化时代，媒介在个体感知空间的过程中发挥重要作用。在数字媒介环境中，空间的数字形象在某种程度上就是空间实体在数字媒介中的"投影"，而这种投影最终要映射到个体的头脑中，才能真正形成认知心理层面的空间形象。红色文化空间形象实质上是一种"图式结构"，而图式的概念是多元的，对于特定空间的认知图式的重要来源可以被具体化为通过报道话语所形成的符号化的"空间意象"。心理学与行为地理学的研究结果表明，空间意象（geographic mental images）是人类通过意识活动对空间的主动的形象化的反映结果，表现为形象（image）、图形（graph）或图式（schema），它是对空间的一种符号化的表达，往往具有形象化、具体化的特征。

根据过往研究，从新闻数据中根据词频—逆文本词频[1]（Term Frequency-Inverse Document Frequency，TF-IDF）提取的关键词常被作为形象的表征，可以作为空间形象内容分析的重要参考。因此，本研究通过搜索引擎检索微信公众平台上较多对上海红色文化空间进

---

[1] TF-IDF（英语：term frequency-inverse document frequency）是一种用于信息检索与文本挖掘的常用加权技术。TF-IDF 是一种统计方法，用以评估字词的重要程度。字词的重要性随着它在文件中出现的次数成正比增加，但同时会随着它在语料库中出现的频率成反比下降。值越大，一般而言这个词在文本的重要性会越高。

行报道的账号主体，围绕主流媒体、政务新媒体、党建新媒体三类主要媒介传播主体选择了 9 个代表性公众号，对其发布的与上海红色文化空间相关的报道内容进行分析。其中，主流媒体包括《文汇报》《新民晚报》"上观新闻""澎湃新闻"四个公众号，政务新媒体包括"上海发布""上海黄浦""乐游上海"三个公众号，党建新媒体包括"红色之声""上海基层党建"两个公众号。研究对采集到的近五年间上述 9 个公众号围绕上海典型红色文化空间的 304 篇代表性报道的全量文本内容进行分词，在清洗停用词、基础名词及无实际意义的词汇后，通过 TF-IDF 算法得到 TF-IDF 值排名前 45 位的关键词（见表 6-1），并以此为基础绘制了词云图。可以看出，通过对上述媒体生产的全量报道文本内容关键词的挖掘，发现上海红色文化空间 IP 的形象内容主要指向三个方面：一是与中共建党有关的历史记忆形象（关键词示例："历史""旧址""建党""故事""党史""文物"等）；二是与红色符号有关的政治象征意义形象（关键词示例："红色""伟大""信仰""精神家园""红色基因""初心始发地"等）；三是与城市文化旅游有关的空间地标形象（关键词示例："城市""建筑""石库门""游客""线路""打卡"等）。需要说明的是，这三种形象图式虽然各有侧重，但并非完全独立，而是有着广泛的、紧密的内在联系。三者相互交叠、互为补充，共同建构出上海红色文化空间在数字空间媒体内容生产中的数字形象。

　　为了更进一步了解上海红色文化空间 IP 形象内容之间的关系，研究以上述关键词为基础，在 Python 环境下基于 304 篇报道内容的文本挖掘构建了关键词共现矩阵网络，并绘制了共现网络图。通过关键词共现可以发现，上海红色文化空间与红色符号有关的政治象征意

表 6-1　TF-IDF 值排名前 45 位的关键词及词频

排序	关键词	词频	TF-IDF	排序	关键词	词频	TF-IDF	排序	关键词	词频	TF-IDF
1	红色	1352	0.01558	16	党员	245	0.00444	31	马克思主义	126	0.00268
2	历史	735	0.00987	17	城市	242	0.00443	32	力量	128	0.00257
3	旧址	427	0.00737	18	展览	212	0.00398	33	新馆	117	0.00246
4	革命	462	0.00709	19	人民	204	0.00390	34	信仰	112	0.00237
5	建党	422	0.00657	20	石库门	211	0.00385	35	诞生地	114	0.00236
6	故事	389	0.00625	21	建党精神	185	0.00360	36	精神家园	114	0.00233
7	伟大	346	0.00585	22	传承	183	0.00346	37	红色基因	111	0.00230
8	初心	364	0.00578	23	奋斗	182	0.00345	38	光荣	99	0.00208
9	文物	319	0.00563	24	党的诞生地	179	0.00339	39	红色地标	98	0.00206
10	党史	327	0.00554	25	使命	179	0.00336	40	纪念	91	0.00200
11	红色文化	303	0.00531	26	游客	162	0.00316	41	线路	90	0.00196
12	教育	303	0.00528	27	宣言	146	0.00308	42	新时代	91	0.00195
13	精神	296	0.00512	28	历程	148	0.00295	43	打卡	89	0.00192
14	成立	304	0.00510	29	市民	146	0.00289	44	瞻仰	89	0.00191
15	建筑	260	0.00472	30	诞生	141	0.00283	45	初心始发地	79	0.00175

图 6-5　媒体内容生产中的上海红色文化空间高 TF-IDF 关键词词云图

义形象以及与中共党史有关的历史记忆形象占据了关键词共现网络的核心，具有较高的共现频率，并且相互之间具有较强的共现连接关系，两者相互缠绕，构成了媒体生产内容中上海红色文化空间 IP 的核心图式。而与城市文化旅游有关的空间地标形象则在共现网络中处于相对边缘的位置，但依然与政治象征意义形象和历史记忆形象有着紧密的联系，同样是上海红色文化空间 IP 形象的重要组成部分。值得一提的是，"红色"作为空间数字形象的核心关键词，无论是在词频统计还是在关键词共现网络中都明显地占据了首位和核心位置，这充分表明"红色"的空间形象概念已经超越了空间定义上的单纯比喻意义，而是充分地融入了数字传播主体的话语体系之中，衍生出与上海红色文化空间 IP 紧密相关的"红色地标""红色基因"等多个概念，并且与历史记忆形象和空间地标形象相互连接和嵌套，使得"红色"的符号象征意义在上海红色文化空间 IP 形象的生产中得到不断强化，并演化为媒体内容生产中的核心图式。

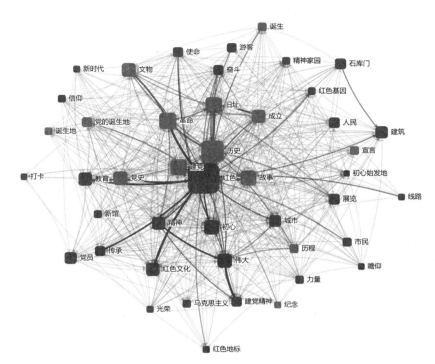

图 6-6　研究选取的上海红色文化空间相关报道的关键词共现聚类分析图

二、上海红色文化空间 IP 与城市形象的关联分析

　　城市作为一种"文化结构体"的复合产物，它既是符号（物）的集中之地，也是意义生产与消费之所。如果要从城市的角度审视红色文化空间，就必须将其置于城市日常生活与空间规划的整体性范畴下，探究其作为城市公共空间、文旅空间等复合空间样态的特征，并分析这种多元的城市空间特性是如何与红色文化空间的属性相互兼容、共存乃至于相互促进、共同生长的。

　　从城市公共空间的角度来看，上海的城市特性使得城市红色文化空间的公共性以及与城市文化的融合性被迅速放大，在这样一种背景下，可以进一步从数字媒介环境的视角进行分析，了解城市是如何通过多维的空间叙事促进上述整合过程，塑造出上海红色文化空间的政治形象与城市空间形象相互映衬，建党精神与城市精神交相辉映的形象有机体。

（一）新地标：从城市空间关联到城市精神文化关联

空间可以影响个体对都市的感知和体验，继而激发和转化为某种情感和行动。"地标"是在城市现代化进程中产生的典型空间符号，具有可展示、可参观、可体验的性质，是城市主体中重要的空间结构。通过对数字媒介空间中围绕上海红色文化空间的报道分析发现，与城市文旅品牌、文旅地标相关的内容主要来自以政府部门为运营主体的政务新媒体，并采用了不同的报道框架和主题策略打造红色文化空间的城市地标形象。

一是在主题策略下打造红色地标。城市传播主体围绕"红色之旅"的主题，着力将红色文化空间纳入城市文旅的整体品牌之中。《关于全面提升上海市红色旅游发展水平的指导意见》提出，"到2025年，本市力争重点打造全国红色旅游经典景区20个……使上海成为最具吸引力的红色旅游目的地之一"。"上海发布"2021年5月转载"乐游上海"推送的《【乐游】今夏出游选择多，申城推出五大文旅品牌项目！》一文，将中共一大纪念馆等红色文化空间明确纳入夏季五大文旅品牌项目之一的"庆祝建党百年，体验红色之旅"项目。与之类似的是，2021年6月，围绕建党百年活动主题，市文化旅游局推出了名为"开天辟地·革命启航"的红色旅游精品线路，进一步巩固了红色文旅的形象图式。

二是在城市网络连接中凸显地标性。网络是一种典型的空间形态，是城市中复杂关系的呈现，不同层次的城市网络，赋予了城市生活前所未有的内容与意义。城市网络的形成首先在于连接，数字传播主体将城市红色文化空间纳入城市整体的规划网络、设施运行网络和文化网络，以构建出各种层次的网络结构，使原本独立的空间与城市的整体性生态融为一体。例如，在空间路线方面，黄浦区通过建设"红色经典步道"将不同类型特点的红色文化空间——中共一大纪念馆、中国共产党发起组成立地（《新青年》编辑部）旧址、中国共产党代表团驻沪办事处纪念馆（周公馆）连接到了一起，使城市中散落着的各个红色文化空间相互串联，形成一个整体。在对此进行报道时，政务新媒体（"上海发布"、"上海黄浦"）使用了"串珠成链""编织成网"等比喻，并将红色文化空间所形成的网络通过导览地图的形式呈现。此外，城市还通过交通设施将红色文化空间进行有效连接，如春秋集团推出的"中国共产党一大·二大·四大纪念馆红色专线车"，通过设立围绕五卅运动纪念碑站、中共一大纪念馆站、中共二大会址纪念馆站、中共四大纪念馆站以及南京东路站五个站点的行驶路线，将这些红色文化空间节点进一步串联，并通过具有影响力的政务新媒体的报道进一步在配套交通设施中凸显"地标"的空间形象图式，或通

图 6-7　红色经典步道（黄浦区）导览图

过媒介传播规划好的行走路线，设计特定类型的空间体验。

三是在文化消费中放大地标效应。文化消费是城市中空间再生产的一种重要手段。文化消费空间不仅承载着价值交换与经济活动，同时也承载着丰富的文化意涵，这种文化意涵来自文化消费空间的开发者"通过消费者的感知体验与认同进行文化再现的表征"。例如，位于黄浦区柳林路156号的"中国共产党诞生地主题邮局"（距离中共一大纪念馆直线距离约550米，是距离中共一大会址最近的邮局），不仅承担了基础性的邮政功能，更推出了大量与红色文化有关的"红色文创"产品，包括一大纪念馆纪念邮折、明信片、《中共一大纪念馆迎"七·二三"》和《中国共产党诞生地主题邮局》纪念封等。邮局长期以来作为支撑大众信息通信的细胞单元，占据着城市空间中的不同节点，但随着社会通信方式的重大变革，邮政基础设施早已不单单是支撑通信运转的媒介物本身，而在与社会生活的勾连中衍生出丰富且厚重的内涵，主要体现在作为文化消费空间之中。与之类似的是，位于中共一大会址对面，黄陂南路上的"一咖啡"，不仅在装饰上使用了中共一大纪念馆的馆藏文物和历史照片，更是在饮品名称中大量使用了隐喻，如招牌饮品"觉醒☆年代"寓意民众觉醒、中国共产党成立的1921年，售价19.21元……"乐游上海"的相关报道，使得这些元素迅速转变为对于民众文化消费生活的"吸引点"。通过对周边消费内容的解读，使得红色文化空间的周边消费空间与红色文化内容更强烈地呈现出某种巧妙的"互文性"。可以看出，无论是邮局还是咖啡店，其命名、设施功能、空间消费内容都是围绕红色文化空间打造的。在数字媒介的报道话语中，这些文化消费空间更加突出的是与红色文化的相关性，更注重放大"IP"与红色文化的关联和辐射作用，通过"空间概念关联＋周边性文化消费产品"的方式促进空间的文化消费并丰富红色文化空间区域的社会活动类型，以增进红色文化空间区域活动的丰富性和活跃性。

（二）打卡点：数字媒介时代的城市红色文化空间再定义

数字时代的新媒体平台基于位置的服务技术（LBS，Location Based Service），创造了数字时代市民游客"媒介化移动"的空间漫游机制。在这样的背景下，"打卡"成了探讨城市旅行目的地时无法绕开的一个关键词。事实上，"打卡"一词在互联网时代经历了语义上的多重变迁，如今更多地指向一种包含旅行决策、空间感知、信息（图像）自我生产记录的复合过程，即"前往网红地拍摄照片或者视频，运用移动信息网络将自己所在之地、所想表现之物上传至社交媒体平台"的行为。如果说城市地标象征着一种城市文化意义的整体面貌，那么"打卡"更多地指向以个体体验为核心的移动和数字内容生产机制。"打卡点"形成的一个非常重要的维度是信息传播的环节，即"媒体地点"的形成。而数字媒介中的数字传播主体围绕特定空间的报道则在塑造"媒体地点"时发挥关键作用。研究发现，围绕红色文化空间的解读延伸出具有多重意涵的"打卡"行为，通过多种方式不断塑造着"打卡点"的空间图式。一是作为理解上海城市精神与唤醒集体记忆的打卡点。如上观新闻2022年发布的《这19个地方，让我们更好地认识上海，理解上海，快来打卡吧！》一文中写道，"伴随着人民城市建设和城市更新步伐，上海涌现出众多新地标，既记录着这座城市的发展脉络和思路，更承载着生活于这座城市里的万千市民集体记忆"，使用H5的形式展示了19个"打卡点"。

图 6-8　上观新闻使用 H5 的形式展示红色文化"打卡点"

　　二是作为党员群众个体心驰神往的"红色圣地"打卡点。例如，上观新闻在 2021 年 6 月中共一大纪念馆正式开馆翌日推送的《刚开放就成"爆款"，95 岁老人坐着轮椅也要来"打卡"这个展》一文，报道了现年 95 岁的原一大会址纪念馆党支部书记兼副馆长任武雄以及老党员计秋荣瞻仰中共一大纪念馆的故事，文中写道："围观人群中，一位胸前挂着'光荣在党 50 年'纪念章的老人格外醒目。'我今天是来学习党史的。'老人叫计秋荣，1970 年在部队当兵时入了党，之后长期从事党务工作。在他看来，这里是每一个中国共产党人的精神家园。'我们要经常来看看、来学习，重温共产党人的初心和使命，才能更好地做好工作。'"显然，在媒体报道的话语体系中，"打卡"的含义相比于该词在新媒体原初语境中的语义已经开始呈现泛化的趋势，其背后"去到某处"的具身体验环节成为重点，也即前往"媒体地点"进行"媒介朝圣"的过程。在这一过程中，数字媒介通过多角度展现参观者个体化的亲身体验，强化了对党员个体具有吸引力的

"红色圣地"空间意象，并与大众对于这一空间的印象、感知与记忆产生共振，从而进一步放大"打卡"作为一种空间决策和具身体验的吸引效果。

三是作为城市精神与伟大建党精神相统一的"党的诞生地"打卡点。在上海的众多红色文化空间中，中共一大纪念馆有着与众不同的特殊意义。从空间上来看，党的诞生地具有不同尺度下的双重意涵，从文化空间尺度上看，中共一大纪念馆作为中共一大召开的物理空间，契合了上海作为"党的诞生地"的城市空间属性；而从城市空间尺度上来看，上海是马克思主义在中国早期传播以及中国共产党早期组织创建及活动的主要城市之一，同时也正是因为上述活动在上海这座城市的开展，才为中共一大顺利召开打下了基础、创造了条件。从相关报道来看，"党的诞生地"的双重意涵实际上同时被包裹在文化空间与城市空间的双重尺度之下，从而使得红色文化空间所代表的伟大建党精神与城市精神融为一体，具体体现在三个方面：一是从城市考古的角度挖掘空间史与城市史在不同尺度上的内在关联。如"乐游上海"在《解码"党的诞生地"的前世今生 | 海派城市考古》一文中，从1920年秋中共一大会址的石库门建筑始建的故事开始追溯，讲述了这一空间在城市历史中的变迁历程，并指出，"修缮一新的'精神家园'，必将助力光荣之城增添新的红色魅力与生动内涵"。此处"精神家园"的意象又嵌套在"光荣之城"的背景下，成为增添城市"红色魅力"的助推力。二是从"物"视角入手，通过展品的隐喻作用和创作者的视角反映城市精神。如"乐游上海"发布的《蒋铁骊："上海精神"在雕塑里变得具象 | 喜欢上海的理由》一文，讲述了雕塑艺术家蒋铁骊为中共一大纪念馆创作大型雕塑作品《历史

选择 伟大起点》的故事，通过一个细部的呈现折射"上海精神"的宏大命题。文中提到："那些曾经为上海奋斗过的人们，那些曾经影响过上海历史和精神气质的事物，在他的手中清晰生动起来，跨越时空与当下的观众对话，展现澎湃的时代力量。"三是从空间的文化功能及其对城市的意义来看，不同传播主体报道的主题框架和侧重点虽有所差异，但基本围绕"党史学习教育""红色资源""城市精神血脉"这三个核心关键词展开。上观新闻在《【上海一周】这些特殊的"教室"，对上海意味着什么》中写道，"在建党百年之际，作为中国共产党的诞生地，从历史中汲取前行动力，无疑是这座城市的天然使命"；《百姓话思想｜在党的诞生地，回首来时路》一文介绍了中共一大纪念馆陈列研究部主任张玉菡、藏品保管部员工赵嫣等纪念馆工作人员在文物保护、历史考证等方面的细致工作，指出"（上海）深入挖掘各类红色资源，越来越多的旧址遗迹成为党史'教室'，文物史料成为党史'教材'，英烈模范成为党史'教师'"。上述报道在强调中共一大纪念馆作为党的奋斗史的学习"教室"的同时，点明了其背后所蕴含的伟大建党精神与上海这座城市之间的内在关联——"红色资源"是具有红色文化特征的空间表征，"党史学习教育"是红色文化空间在党的历史文化传播的具体功能上的重要体现，而空间的表征与空间的文化意涵、空间传播相互支撑，三者融为一体，共同融入城市的文化底蕴与精神内涵之中，成为城市数字形象的有机组成，构筑起"红色文化—红色空间—红色之城"相互融合的形象共同体。

三、上海红色文化空间 IP 发展的路径策略

（一）加强红色文化空间与红色演艺的结合，打造红色演艺文化集聚区

上海具有红色文化空间载体与艺术活动内容都十分丰富的红色文化资源禀赋优势，以黄浦区为例，以淮海中路、黄陂南路、思南路、复兴中路区域为核心的黄浦区红色经典步道涵盖了十余个红色景点，其与"演艺大世界—人民广场剧场群"核心区域相距不过1公里。应当充分发挥以上优势，加强红色地标与红色演艺联动，可以考虑把以中共一大纪念馆为核心的"红色经典"遗迹遗址区域与"演艺大世界"演艺集聚和产业发展区相互结合，形成环人民广场红色文化集聚区。要加强红色演艺作品创作，开发诸如《战上海》《红色的起点》等一批优秀红色原创剧作，积极开展红色主题剧目驻场演出，围绕红色圣地打造"红色文化国际演艺周"等具有全球影响力的国际性红色文化节庆活动，推动一大批红色文化大戏集中上演。围绕中共一大纪念馆、中共一大代表宿舍旧址（原博文女校）、中国社会主义青年团中央机关旧址纪念馆、马恩雕像广场、上海孙中山故居纪念馆、周公馆、韬奋纪念馆、"复兴·颂"公益性文化体验空间等红色景点，开辟更多的红色文化"演艺新空间"，将艺术表现与红色空间紧密结合，使红色文化空间真正成为红色剧目的展示地、红色文化的策源地、红色活动的集聚地。

（二）着力提升红色文化空间国际化水平，打造国际友好景区

上海作为拥有世界级综合交通枢纽的全球顶级城市，具有汇聚全球游客和各国商界领袖的得天独厚的基础，中共一大纪念馆所在的新

天地区域更是汇聚了大量的外国旅客和国际人士，但目前来上海红色文化空间参观的外国游客数量还有待提升。应当充分发挥上海作为世界级旅游目的地、全球游客集散地的枢纽城市优势和国际化区位优势，进一步彰显红色地标对外辐射作用，重点从展示国际化、服务国际化、合作国际化三个角度进行提升。一是在展示内容上，目前大部分红色场馆内容已经实现中英双语对照，但展示的部分图表内容、名人语录、多媒体影像内容缺少英文标注或字幕，部分官方网站展示内容缺少英文版本，建议可以有针对性地进行补充。二是在服务方面，应进一步提升优化外国游客在预约、导览、讲解方面的体验，完善外国游客预约渠道和方式，提供预约参观小程序、官方网站及导览图的英文版本，培育英文讲解志愿者、国际志愿者队伍，增加外语讲解服务。三是在合作方面，可以考虑加强与中国共产党历史有关的国外博物馆合作，如莫斯科中共六大会址纪念馆、俄罗斯国立社会大学共产国际博物馆、德国马克思故居博物馆、捷克共产主义博物馆等，在开展联合展览和文化活动、挖掘征集国际文物史料、充实历史文化资源方面进行深度合作，进一步提升上海红色文化空间国际化水平。

（三）加强与上海党的创新理论研究传播高地建设联动，打造全球性马克思主义理论思想交流高地和政党沟通交流枢纽

上海是中国共产党的创新理论学习研究高地，拥有上海市中国特色社会主义思想研究中心和上海市习近平新时代中国特色社会主义思想研究中心等一批思想学习园地、研究高地、传播基地。应当结合红色地标，积极发挥上海马克思主义理论的建设优势，依托各方资源向

国际社会宣介中国共产党诞生地的"世界级红色圣地"历史地位，积极主动参与构建马克思主义的全球话语体系。可以通过在代表性红色文化空间区域举办上海马克思主义研究国际论坛、世界马克思主义政党理论研讨会等方式，扩大和深化与全世界马克思主义者的交流，建构马克思主义世界学术共同体，把中国特色社会主义道路、理论体系、制度、文化等马克思主义中国化的系列成果进一步转化为马克思主义在世界发展的动力源泉。同时，也要通过上海包容开放、中西交融的区位和文化地位优势，塑造中国共产党与世界政党命运与共的全球合作伙伴形象。应考虑积极推动中国共产党与世界政党高层对话会、中非政党理论研讨会、中国—中亚政党论坛、中美政党对话、"新时代的中国共产党与世界"研讨会等国际性政党对话活动在沪举办，围绕城市红色文化空间打造全球马克思主义理论思想研究平台和政党沟通交流枢纽，不断开辟当代中国马克思主义、21世纪马克思主义新境界。

（四）围绕红色文化空间推出常态化的爱国主义教育系列活动，让红色场馆成为 Z 世代成长必经地

当前，上海红色文化空间存在常态化爱国主义教育效能不够凸显、对于全市青少年的覆盖面不够广泛等问题。建议可以从以下三个方面加强：一是充分利用红色场馆资源，通过常态化仪式礼仪开展青少年爱国主义教育。将原本在特殊节日、纪念日定期举行的红色场馆升国旗仪式逐步转为常态化运行，分批组织中小学学生等群体在红色场馆参与升国旗仪式，强化仪式教育。二是抓好寒暑假这个社会爱国主义教育的重要窗口期，由上海红色场馆联合举办面向青少年群体的

"Z世代寻迹上海红"主题研学活动。鼓励年轻学子沿着"红色经典步道"等红色线路，以组团打卡沪上红色场馆的方式开展主题实践，各红色场馆应配套爱国主义教育专题讲座、党史知识竞赛等系列活动，鼓励青少年在红色之旅中分享心得体会，感悟红色初心。三是深入开展形式多样的"红色文化进校园"活动，推动更多红色文物、红色馆员、红色故事走入中小学和各大高校课堂，以文物故事讲座、党史思政课、红色戏剧欣赏等形式开展爱国主义教育，让红色文化在Z世代群体中深入人心。

（五）加快推动红色文化空间数字传播，打造民众喜爱的红色"打卡"新空间

研究发现，红色文化空间的"打卡点"形象形成，有助于城市红色文化空间IP的整体塑造。建议用好互联网这一关键平台，实现红色文化空间的线下体验与线上网络活动的贯通。对此，建议红色场馆从三方面入手推动数字传播：一是与社交媒体平台合作开展青少年红色场馆打卡专题活动，如推出红色场馆特殊定位标签和定制款图片边框、举办"＃我想对党说"话题内容分享、"最美红色文化空间"评选、"红色打卡短视频大赛"等活动，鼓励民众在网络空间以图文、短视频的形式分享上海红色场馆的特色魅力、红色文化的感悟点滴。二是在红色场馆打造更多民众喜爱的打卡微空间，精心制作具有视觉冲击力的"红色打卡点位"，如设置红色主题立牌相框、留言墙、吉祥物玩偶以及红色主题互动游戏区域等，同时可以推出更多具有吸引力的、具有上海特色的红色文创产品，如中共一大纪念馆联合上海老字号推出的"光明小红砖""新青年雪糕""石库门大白兔"等。此外，

还可考虑通过向生日当天打卡红色场馆的民众赠送定制款徽章、纪念封等形式激发年轻群体打卡热情。三是联动红色资源就业见习基地，结合红色场馆青年就业见习岗位打造一批"红色青年直播间"，以民众喜闻乐见的形式开展"直播带馆"，在为青年提供见习锻炼的同时，带动更多市民走入红色场馆，赓续红色基因。

（六）打造沉浸式红色文化空间及数字产品，进一步激发民众对于红色文化空间的兴趣

数字时代，民众接受新事物以及学习知识更依赖于现代化的呈现方式，而沉浸式体验与红色文化空间相结合的方式能够让民众由被动接受感知红色文化变为主动获取，可有效激发他们学习、体验的兴趣与热情。建议从三方面入手推动沉浸式红色文化空间构建：一是运用科技＋游戏＋互联网思路，打造丰富的红色文化主题体验性空间。如位于黄浦区的公益性红色文化展示空间"复兴·颂"创新地采用流行的密室游戏方式，通过多媒体技术开发了互动体验式的红色主题游戏，形成沉浸式体验项目。未来各区可逐步探索利用城市"微空间"建立红色文化沉浸式体验空间，让民众通过"家门口"的红色打卡感知红色文化魅力。二是支持红色场馆联合开发培育或引进红色主题的优秀环境式、沉浸式戏剧及剧本杀作品。环境式、沉浸式戏剧及剧本杀是近年来兴起的文化新业态，因其互动性、参与性、沉浸式而广受年轻群体喜爱，与红色场馆空间有机结合，能够更好发挥场馆爱国主义教育功能。建议支持结合场馆空间特点的相关红色主题沉浸式作品开发，通过优秀剧本创作基金、优秀创作者扶持计划等方式引导优质沉浸式红色剧本创作，吸引更多年轻人走入红色场馆，在互动参

与和沉浸体验中传播红色文化。三是运用数字化技术开发高质量的线上红色虚拟场馆、爱国主义教育出版物及红色场馆数字藏品。建议充分利用 H5、VR、AR、元宇宙等技术优化中共一大、二大、四大纪念馆线上虚拟场馆的内容和观众体验效果，充分发挥上海红色资源优势，开发适合不同年龄阶段的爱国主义教育出版物。如中共一大纪念馆推出的《开天·"一大"本》采用 3D 折纸艺术和 VR 动画结合的形式，全景式展现红色历史故事。未来可通过科技赋能推出更多结合动画、云参观、游戏等互动体验的趣味性红色主题图书、音像产品，发布以红色文化为主题的定制数字藏品，以数字化方式描绘上海红色场馆和红色故事，进一步放大上海红色文化空间 IP 的吸引力。

第五节　影视 IP：构建上海城市形象的影视 IP 识别——以《爱情神话》为例

习近平总书记强调，要"下大气力加强国际传播能力建设，形成同我国综合国力和国际地位相匹配的国际话语权"。十二届市委五次全会强调，"要深化文化体制机制改革，完善意识形态工作责任制，优化文化服务和文化产品供给机制，健全网络综合治理体系，构建更有效力的国际传播体系，提升国际文化大都市软实力，加快建设习近平文化思想最佳实践地"。在全球文化大都市的实践中，《爱乐之城》《欲望都市》《午夜巴黎》《东京爱情故事》等经典影视剧目都以视觉化的形式呈现城市精神，引发观众对城市的认同与向往。通过精品化的影视作品讲好城市故事，已成为全球城市在舆论市场竞争力的重要体现。

2021年底，沪语电影《爱情神话》以其独特的"上海性"叙事和崭新的城市形象呈现方式引发了全国观众的广泛关注和普遍好评。在朴实而真诚的电影叙事中，敏锐而精准地把握到上海城市独有的"精、气、神"，成就了"传统文化的现代表达，上海故事的世界传播"，更引发了人们对于如何通过荧幕建构城市形象影视IP识别的思考。

研究发现，讲好城市故事，构建城市形象影视IP识别，需要从情感、场景、主角和区域四个维度构建城市形象识别系统，真正抒写出城市生活的美好神话，让城市故事动情动人，让城市形象入脑入心。

一、情感识别：讲述平凡人的身边事，构筑共情体验

长期以来，城市形象传播的一个主要障碍在于，基于宣传片、宣传册等传统媒介载体的讲述方式，由于意图过于明显，在接受者那里就会形成一种"防御性识别"，即这是"他城"，与我无关。

电影的沉浸式叙事模式则为"融他为我"的传播提供了一个绝佳的载体，其关键在于，通过观众对于故事情节的沉浸引发共情效应。共情指的是能够将自身代入式地体验他人处境，从而感受和理解他人情感的能力，即"感同身受"的体验。从《爱情神话》来看，无论是教人画画的老白，还是旮旯小店的修鞋匠，都不过是城市生活中普通的一分子。影片讲述的也绝非宏大叙事，而更多的是一段烟火气和接

地气的普通人的爱情故事。但正是这样平凡人的日常故事，能够最大限度地与普通市民的城市生活形成情感共振——都市夜空下的温馨饭局、沪上家庭两代人之间的摩擦拌嘴……琐碎的生活却足以唤醒普通大众内心最柔软的部位，使得观看者不自觉地将自身带入荧幕所呈现的人物故事之中，从而达到共情效应，建立起一种相互交融、心灵对话的传播模式。

城市形象的传播归根到底不是静态的物的传播，而是动态的人的传播，讲的是人的故事。传递城市形象既需要仪式性的观念标准和给人画面感的城市风光，也需要普通人、平凡人的故事。对于影片叙事而言，需要充分挖掘提炼普通市民、一线劳动者之中契合城市风格、精神品格的人物和反映品质生活、城市文化的平凡故事，塑造鲜活可感的"人民城市"形象，搭建出彼此依存、彼此成就、人人出彩的城市舞台，使观众可触可感，引发情感共鸣，继而为城市形象的进一步传播奠定基础。

二、场景识别：呈现日常烟火生活，于细微街区彰显城市魅力

当前，全球城市形象IP打造的重点正从"地标性建筑"走向"邻里街区"。街区，作为一种日常生活城市空间，正成为全球城市的"新名片"。随着社交媒体平台带来的持续更迭的"打卡热"，年轻人不再热衷于城市广泛宣传的一些"地标性"景点，而是更喜欢走入城市的街巷深处，寻找更加独特和具有城市气质的打卡点。

在《爱情神话》中，我们几乎看不到任何传统意义上的上海宏

伟地标，取而代之的是"梧桐深处"的平常街道。事实上，《爱情神话》的取景地基本在徐汇衡复区域的街道和居民区：剧中老白的家，就在五原路上的大通别墅某号；老白的家门口的金句达人小皮匠，他的皮鞋摊其实是五原路上名叫"王尔德的花"的花店；片中一个经典镜头是老白朝着新乐路骑过来，此时画面背景为延庆路2号老公寓……我们可以看到，城市最真实的魅力恰恰隐藏在街头巷尾、犄角旮旯处的稀松寻常又不为人知的角落。影片导演邵艺辉在上海生活了六七年，她说："上海是一座花5块钱就能在街边买一杯咖啡的城市，《爱情神话》里的每一个场景都是我经常去的地方，卖临期商品的杂货铺，很便宜的衣服摊儿……"千禧一代的全球移动的国际人士，已经和上一代人有所不同，他们除了生活上的便利，更渴望能真正感受到一点儿这座城市的"味道"，而这种"味道"并不仅仅是靠城市对外宣传的标志性景观传递，而是需要依靠有识别度的城市"微空间"来体现，例如影片中的充满沪上人情味的红拂杂货铺、复古又斑驳的浪漫咖啡馆、时髦又光鲜的探戈俱乐部等。

　　城市形象IP的传播需要改变树立一元化地标形象的传统思维，转向有独特魅力的多元城市微空间，这种转向的背后既有城市更新的步伐——越来越多的文化新空间让时尚潮、设计感、文艺范涌动在城市的大街小巷；也有电影艺术的渲染——市中心的弄堂、老洋房、路边小店、戏院浸出的是魔都的精致、文艺、烟火气，城市空间的更新和转换，本质上是提供了城市生活新的叙事环境，但正如《爱情神话》所展示的那样，稀松的空间往往能够传递出都市日常烟火生活的温暖与感动，细微之处方见美好生活。

三、主角识别：捕捉都市女性潮流生活，凸显现代女性形象

在全球城市形象传播中潜藏的一个重要趋势，是女性主义的觉醒和消费能力的提升。数据显示，80后女性是中国咖啡馆的主要消费者，她们大多在26—35岁间，相比男性占比29.2%来说，女性达到了70.8%，她们也构成了上海成为全球咖啡馆最多的城市的基础消费人群。在20世纪二三十年代，自由主义海派文人张若谷认为女性是都市一种特殊的消费对象，是知识分子想象现代文明的工具，商家利用女性来招揽顾客，满足男性顾客的视觉和对异性的情感需求，女性是城市空间的附属品，在空间中处于次要地位。但在今天，女性越来越多地以城市主人公的姿态，在城市的大街小院中交往、消费，满足自身情感、精神需求，摆脱了过往历史中单纯的附属地位，自由地享受城市空间的使用权，这一方面是因为女性经济地位的独立和受教育程度的提高，使得她们拥有独立的经济自主权，具备较强的消费能力，另一方面女性的自我意识觉醒，精神文化需求日趋旺盛，属于女性自己的根据地逐渐在都市生活中形成。

《爱情神话》带有较为明显的都市女性主义视角。导演邵艺辉作为90后女性创作者，在三个女性角色的塑造上，突破了传统意义上的女性束缚——她们既有对于爱情包容开放的心态，又有自身作为独立女性坚韧理性的气质，从而塑造出了令人耳目一新的都市新女性形象，而这实际上也从某种程度上更加生动地反映了上海的城市气质。随着社会包容度和现代意识不断加强，女性不仅仅可以成为贤妻良母，更可以热情释放自我，也能包容对待因性别差异所带

来的社会压力。数据显示，近3年以来，在阿里系电商平台上，女性消费从金额、客单价到成交人数无不迎来爆发式增长，而在全国所有地区，上海女性消费金额排名第一，上海的女性旅游消费也位居第一。此外，天猫统计并发布了各个城市女性独立指数，其中上海亦排名全国第一。这三个第一的背后，折射出上海女性形象的代表性，女性形象与上海这座城市共生互嵌，吸引着越来越多的追逐城市梦想、城市舞台、城市潮流的年轻丽人，上海得益于她们焕发出更加具有活力的城市生机。如果将《爱情神话》与开篇所提到的城市相关影视放在一起，可以发现，无论是《爱乐之城》中的米娅、《欲望都市》中的凯莉、《东京爱情故事》中的莉香，还是《爱情神话》中的李小姐，令人难忘的感人角色都是那些独立自由、热爱生活、为爱作出勇敢抉择的现代女性，或许，她们才是对城市精神最深刻的诠释，她们代表城市中的生命活力，是城市中最闪亮的风景线。

四、区域识别：赋予地方文化国际范，以上海性凸显世界性

长期以来城市形象传播面临的一个两难境地是：如何在全球化的标准化话语体系中有效传递属于自身文化特色的内容，并且跨文化受众能够乐于接受和理解。这就反映出一个问题：对于大多数中国城市而言，城市的地方性难以适应全球化的话语表达。但对于上海这座城市而言，其长期以来形成的东西交融、海纳百川的城市文化，恰恰为上海性与全球性的衔接架起了绝佳的桥梁。可以说，上海的地方性与

世界性是交融互通的，如何在上海性的对外传播中保留上海自身的区域文化特色，同时凸显其包容四方的世界性，则是更加值得探索的话题。

《爱情神话》为我们提供了一种衔接地方文化气质与世界文化潮流的样板：在这部沪语影片中，老乌用上海话讲述他在意大利与欧洲巨星索菲亚·罗兰的浪漫邂逅，租住在老白家中的意大利小伙可以说一口流利的上海话，甚至连英国洋小囡都可以说出上海话金句……但这样的中西混搭却并不让人感觉违和，反而展示了上海城市生活与世界窗口交流互通的特质。尤其是在沪语这一文化符号的映衬下，影片中没有过多凸显长期以来"上海人"所形成的特有的标签，反而是坦荡地将上海市民的各个方面完整地呈现在观众面前，这让观众意识到上海人的形象其实并非20世纪90年代国人心目中的那样，而是有血有肉的一种真实存在。尽管每个人的身上都有着不同的特质，但不变的是人们聚拢到一起之后的生活感、包容性和从中透出的城市温情。

从《爱情神话》一片透视城市形象的全球识别性影视IP打造，可以清晰地发现，在传递城市气质的时候，叙事的内容和方式并不一定要迎合所谓的西方审美或标准化、国际化的话语体系，而是需要更加深入地根植于自身的城市文化特色，用自己的语言讲好属于人民的城市故事，反映上海这座人民城市已经发生、正在经历的历史征程以及丰富多彩的生活。只有将地方性的城市文化作为世界性传播展示的前提和根本性力量，才能够真正打造面向世界，具有中国气派、中国精神和中国美学的全新城市形象，向全球传递发端于上海又适用于全球的人文价值观：城市，让生活更美好。

第六节　消费 IP：上海如何进一步打响全球咖啡文化枢纽 IP？

　　数据显示，2023 年，上海咖啡门店数总计 9553 家，较上一年度增加 1023 家，外资咖啡企业数量 2056 家，门店总数、外资咖啡企业数继续领跑全国，上海继续蝉联全球咖啡馆最多的城市。开放包容的城市气质也让上海成为诸多国际知名咖啡品牌在中国落地的首选城市，2017 年，美国"老字号"品牌皮爷咖啡（Peet's Coffee）将中国首店开在上海东湖路，这也是其海外的第一家门店；2019 年，加拿大国民咖啡品牌 Tim Hortons 在上海人民广场开出中国首店；号称咖啡界"APPLE"的蓝瓶咖啡同样从上海起步，走向全国……

　　当前，咖啡，已经是上海的一张重要的"国际名片"，不仅成为国际受众在上海旅行过程中的"打卡必备"，还助力上海城市数字形象在国际媒体平台上不断提升。在谷歌搜索、TikTok、Instagram 和 X 等平台，上海咖啡占上海相关话题的比重分别为 10.47%、4.74%、4.87% 和 3.24%，作为一个较小的文化品类，咖啡已成为上海国际形象呈现的重要窗口，相关内容具有极高的正面效果。鉴于上海在全球咖啡城市产业发展中的重要地位以及咖啡对上海城市营商环境和城市形象等所起到的关键作用，建议未来要在上海打响全球知名的咖啡文化枢纽 IP，不断提升上海咖啡的国际影响力。对此，可从咖啡产业发展、咖啡城市地标、咖啡文化节庆、咖啡全球话语权和咖啡人才培养五个方面着手。

一、构建全球咖啡产业中心，积极融入全球咖啡全产业链

世界范围内咖啡全产业链加速升级，上海亟须入场布局，主要可从以下三个方面发力。（1）上游：建设全球咖啡豆流通贸易区域中心。一是依托上海期货交易所平台，推动咖啡生豆、熟豆期货落地。目前世界上主要咖啡期货市场分布在美国，纽约期货交易所推出了C型咖啡期货（交易代码：NYKCO）。上海应尽快将咖啡豆期货推向市场，对价格风险进行合理管控，推动咖啡行业的规模化发展。二是依托上海自贸区，推动咖啡豆离岸贸易，实现咖啡豆国际贸易额大幅增长，推动上海成为全球具有一定影响力的咖啡豆交易中心。（2）中游：加快咖啡制造设备升级。鼓励本土优势制造企业加快布局商用、家用咖啡设备，促使咖啡设备融入"上海制造"蓝图，提高咖啡工业信息化水平，打造一批初具国际知名度的咖啡机上海品牌。（3）下游：培育咖啡消费市场，激发潜力。一是依托良好的数字平台，围绕建设"国际数字之都"的目标远景，将咖啡消费融入线上新零售，充分释放数字经济潜力。二是激发实体经济源头活水，持续优化营商环境，做大咖啡产业这块蛋糕，依托消费撬动全产业链上各方提质增效。

二、打造全球咖啡文化地标，提升海派咖啡的国际影响力

咖啡可以成为上海打造世界著名旅游城市的强有力抓手，作为舶来品，咖啡构成上海"海派文化"的重要载体，也成为上海与国际沟通交流的窗口。"来上海喝杯咖啡"有望成为吸引国际游客的金名片，

有效拉近与海外游客的心理距离。基于此，可从以下三个方面着手：第一，规划精品咖啡馆旅游线路。上海作为全球咖啡馆数量最多的城市，占全国总数的 6.4%。结合已有旅游线路，可将不同风格的精品咖啡馆点缀其中，为国际游客呈现本土化的咖啡文化，尤其是推动桂花拿铁、酒酿拿铁等本土化咖啡品类"走出去"，宣扬中国特色咖啡文化。第二，筹建全球咖啡文化博物馆。目前伦敦、迪拜均建有一定规模的咖啡博物馆，每年吸引大量世界各地游客前往打卡。上海可充分利用工业遗址、仓库码头等建立全球咖啡文化大型博物馆，收集世界各地咖啡历史文物史料，展示咖啡在上海城市文化形成过程中的作用，使其成为展现上海市民美好生活的一面镜子。第三，打造"一江一河"咖啡馆特色景观。在亲水平台建造一批风格前卫、特色明显的咖啡馆，打造自然景观与人文景观有机结合的典范。咖啡馆的开放休闲氛围有助于打造高品质公共空间，丰富"世界城市会客厅"的文化内涵，助力打造社会主义国际文化大都市。

三、设立上海"国际咖啡文化周"，创造特色鲜明的　　上海咖啡节庆

自 2021 年起，上海连续举办"上海咖啡文化周"，成为广大市民乃至全球游客感受海派文化、城市温度和品质生活的重要窗口。2023年，上海咖啡文化周影响力不断扩大，从全民共享的"咖啡大礼包"到以咖啡为主题的大型生活集市，从全国最高规格的咖啡产业论坛到各类文化创意场馆与咖啡的跨界互动，一系列新型消费节庆、专业的咖啡论坛和富有创意的文化活动密集启动，不仅为市民呈现了

丰富多彩的"咖啡盛宴"，更是让咖啡的醇香牢牢镌刻在上海的城市气质之中。鉴于当前上海咖啡文化周所产生的良好社会影响，建议在此基础上，设立一年一度的上海"国际咖啡文化周"，在原有西岸国际咖啡生活节的基础上，以徐汇滨江为主要沿线，带动全城各区域参与国际咖啡文化周的建设，借助上海国际咖啡文化周，将咖啡文化打造成未来上海一张新的世界级城市名片，不断提升上海的国际形象。

四、加强与全球咖啡的多频对话，多举措提升上海咖啡国际话语权

上海不仅是诸多海外咖啡品牌入驻中国的首选地，同时也孕育了诸多中国本土的咖啡品牌，但是上海在全球咖啡产业中的话语权还十分薄弱。本书建议，要通过多项措施实现上海与世界在咖啡领域的多频对话，不断提升上海在全球咖啡产业中的话语权。例如，上海可考虑承办世界咖啡师竞赛（WBC）。世界咖啡师竞赛享有"咖啡奥林匹克"的美誉。英国伦敦、日本东京、美国西雅图都曾经承办过该项赛事，但是世界咖啡师竞赛从没有在中国举办过。上海未来可以争取承办该项赛事，这不仅有助于提升上海在全球咖啡领域的影响力，也有利于上海在全球咖啡师标准的制订中抢夺相关话语权。此外，还建议开展全球最美咖啡馆的组织评选活动，从店面的装修设计、社交媒体形象、咖啡质量品类、消费者满意度等指标对全球具有特色和影响力的咖啡馆进行量化排名。通过全球性社交媒体平台进行活动的宣传与策划，并将相关评比榜单进行合理的平台分发与推广，借助全球社

交媒体平台具有的受众优势，进一步打造上海咖啡文化在全球的话
语权。

五、从资格认定到专业设置：全方位提升上海咖啡人才
　　培养实力

2016 年，国务院取消了包括咖啡师在内的 61 项职业资格许可和
认定，国内目前没有统一的咖啡师评选标准，中国咖啡师职业资格
认定转为政府主导、第三方评价机构认定的形式。2020 年 8 月开始，
云南金米兰咖啡职业培训学校取得云南省首批社会培训评价机构资
质，同时也成为全国首家可以颁发国家咖啡师职业证书的机构。作为
中国咖啡城市发展的排头兵，上海目前没有机构能够颁发国家咖啡师
职业证书，建议未来可以积极协助上海咖啡协会等，助力上海相关机
构早日获得颁发国家咖啡师职业证书的资格。此外，上海目前有 24
所高职高专院校，但尚未开设咖啡师培养等相关专业。未来可进一步
推动上海相关高职高专院校开设咖啡相关专业，共同培养具有国际一
流水准的咖啡师和咖啡管理人才。

第七节　竞技 IP：打响全球电竞之都 IP，提
　　　　　升上海国际大都市的全球影响力

2023 年 9 月 6 日，国际奥委会官方网站发布消息，宣布成立国
际奥委会电子竞技委员会。这标志着电子竞技已经成为全球体育产业

的重要组成部分。而在亚运赛场，电竞比赛也引领着青年群体观赛的文化浪潮。近年来，上海全球电竞之都建设取得显著成效，作为新兴经济增长点，电竞不仅能够助推城市的数字产业升级，还能够吸引全球青年人的目光，在传播城市文化、活跃青年社区和提升城市国际知名度及影响力等方面起到良好效果。2021年上海EDG电子竞技俱乐部获得英雄联盟S11全球总决赛冠军，瞬间掀起全网热潮，这也让上海电竞迅速"出圈"，受到全球电竞爱好者的广泛关注。EDG夺冠反映了上海在全球电竞产业发展格局中的领先地位，充分彰显了上海在电竞产业发展中的政策优势、科技优势、文化优势和人才优势。面对上海打造全球电竞之都IP的发展目标和当前全球知名城市纷纷布局电竞产业发展的激烈竞争形势，需要对上海全球电竞之都IP建设的现状、优势与短板以及未来路径进行及时梳理、全面总结与精心设计。

一、上海全球电竞之都IP建设的现状分析

针对城市电竞发展这一重要问题，本书对全球电竞产业发展突出的城市进行了综合评估，构建了涵盖城市电竞产业生态、基础设施、赛事、俱乐部和社会影响力5项一级指标、20项二级指标的"全球电竞之都评价指标体系"，对全球20大城市进行了分析。通过对相关城市权威数据的搜集与测量发现，相较于前期研究，上海在"全球电竞之都评价"中超越洛杉矶，首次登顶全球第一，并在三项一级指标"基础设施""赛事""俱乐部"中排名首位，充分展现了上海在全球电竞产业中的领先地位。

表6-2　全球电竞之都综合得分排名

排　名	城　市	得　分	排名变化
1	上海	100.00	▲ 1
2	洛杉矶	93.40	▼ 1
3	北京	91.20	▲ 1
4	巴黎	88.60	▼ 1
5	柏林	87.20	－ 0
6	首尔	83.50	▲ 1
7	新加坡	81.20	－ 0
8	西雅图	81.00	－ 0
9	亚特兰大	78.60	▲ 3
10	利雅得	77.40	－ 0
11	深圳	73.50	－ 0
12	武汉	73.20	▼ 1
13	杭州	70.10	▼ 4
14	西安	68.70	▲ 1
15	成都	67.30	▼ 5
16	斯德哥尔摩	66.80	▼ 5
17	海口	63.40	▲ 5
18	卡托维兹	63.10	▲ 4
19	吉隆坡	62.70	▲ 1
20	雅加达	60.00	－ 0

　　近年来，上海连续举办多场高规格电竞赛事，同时上海也汇聚了众多高水平电竞俱乐部以及电竞运动员。依托良好的产业生态和完备的基础设施，上海吸引了诸多国际顶尖赛事和全球性电竞活动的入驻，并成功举办全球电竞大会，牵头填补行业空白，立项首个电子竞技国际标准。此外，中国电竞产业研究院与巴西国家电竞协会、泛美电子竞技联合会在上海签署了合作备忘录，未来，双方将在电竞产业

研究、数据应用、标准推广等领域广泛开展合作。无论是顶级赛事的落地，还是国际合作的深化开展，都将进一步提升上海电竞产业的发展能级，夯实上海"全球电竞之都"的建设。

　　研究发现，上海在"基础设施""赛事""俱乐部"三项一级指标评价中均位列第一，突显了上海在全球电竞产业发展中的优势地位。近年来，上海市政府积极落实"文创50条""电竞20条"等政策措施，为电竞企业发展提供了良好环境。这不仅吸引了众多国内外知名游戏和电竞公司进驻上海，同时也扶持了本地游戏企业迅速成长。2021年1月"上海国际新文创电竞中心"作为上海市重大产业项目之一盛大开工。项目一期投资超50亿元，后续总投入超100亿元。建成后将成为全球电竞产业单一投资最大的项目之一。在赛事指标方面，上海得分远超排名第二、三位的利雅得和洛杉矶，这得益于上海电竞领域政策制定的前瞻性以及基础设施的完备性。除2022年FIFA电竞洲际杯等新的顶尖赛事入驻上海之外，上海还举办了诸多不同层次不同级别的比赛，如2022年电竞上海全民锦标赛、2021年的上海高校电竞挑战赛、2022年上海校园电竞技能大赛等，通过多层次比赛的推广，上海不断拓宽电竞产业辐射的深度和广度，增加电竞产业的群众基础，合力推动上海电竞之都的建成。在俱乐部指标排名上，与两年前的排名相比，本次排名上海得分首次超越洛杉矶，升至第一位。电竞俱乐部在电竞产业发展中扮演着重要的角色，在电竞选手培养、赛事组织、品牌推广等方面都发挥着关键作用，能够推动电竞产业的快速增长和发展。近年来，上海在电竞俱乐部的发展上投入了诸多心血，取得的效果也十分显著。目前上海的世界前一百电竞俱乐部数量高达13个，位居所有排名城市的第一位。

二、上海全球电竞之都 IP 建设的主要障碍

作为中国电子竞技行业发展的先锋城市，上海在全球电竞之都的评估体系中展示了较强的综合实力和巨大的发展潜力。尽管上海在多个关键的"硬"指标上表现出色，但在社会影响力这一核心领域，依然面临一系列重要挑战。在全球电竞之都社会影响力指标评估方面，上海尽管在国内排名第一，但与欧美发达国家的城市相比，仍然呈现明显的劣势，得分只有 85.6 分，在所有排名城市中排名第 7。可见，上海在全球范围内利用其丰富的电竞资源进行传播和推广的能力尚未得到充分的发挥。从电竞产业的构成来看，上海不仅有高质量的电子竞技比赛，还有著名的俱乐部和完整的产业链条，这些都是构建全球电竞之都 IP 的重要支撑。尽管如此，这些丰富的资源还缺乏充分的整合和传播推广。对于"城市 + 电竞"的传播方式，需要更深入的研究和路径思维创新。不仅是在上海的电子竞技比赛活动组织和呈现方面，更重要的是将电子竞技文化与上海的城市特色和文化底蕴相融合，塑造一个在数字时代具有独特吸引力的全球电竞之都品牌 IP。对此，可以从多个角度进行持续深耕，如加大国际传播的力度，深化与全球知名电竞组织和媒体的合作关系，创新电竞内容的制作和传播方式，培养和支持本地电竞明星和意见领袖，将电竞元素整合到城市文化活动和旅游推广中，以及加强产学研的合作等。借助在与电子竞技相关的具有社会影响的领域多点发力，上海可以在维持"硬"实力的同时，显著增强其在全球电子竞技领域的社会影响力，从而进一步巩固全球电竞之都的 IP 形象识别，并为城市创造更多的经济和文化价值。

表 6-3　全球电竞之都"社会影响力"指标排名

排　名	城　市	得　分
1	洛杉矶	100.00
2	新加坡	92.90
3	首尔	91.50
4	亚特兰大	91.30
5	巴黎	88.80
6	柏林	88.00
7	上海	85.60
8	西雅图	84.90
9	深圳	80.30
10	北京	78.70
11	西安	76.40
12	吉隆坡	70.60
13	利雅得	69.70
14	斯德哥尔摩	68.40
15	雅加达	65.30
16	武汉	60.00
16	海口	60.00
16	杭州	60.00
16	成都	60.00
16	卡托维兹	60.00

三、进一步打响全球电竞之都 IP 的路径建议

　　结合上海在全球电竞之都 IP 建设领域的总体情况，笔者曾提出上海在建设全球电竞之都过程中应树立"三年内赶超洛杉矶，五年内成为最具品牌标识的全球电竞之都"的战略目标。在政策的正确引导

和社会各界的共同努力下，这一目标已经取得了重要突破。未来的发展目标应当是在巩固上海全球电竞之都 IP 发展成果的基础上，将上海全球电竞之都的品牌 IP 标识推向世界，引领未来体育发展的新潮流。对此，上海可重点从以下三个方面着手：

一是增强传播效果，打造多元的电竞文化 IP。在场景层面，上海应当充分发挥电竞赛事和俱乐部方面的全球领先的优势，依托城市丰富多彩的博物馆文化，打造"电竞文化展览馆""电竞技术体验馆"等，支持建设"电竞小镇"，建设全新的城市地标建筑，设计出特色鲜明的视觉形象标识，并以此为核心获取流量关注，通过产业链延伸带动周边产业协同发展。在媒体层面，可通过数字平台拓宽传播渠道，利用赛事主办单位、电竞俱乐部、运动员等相关主体开设的社交媒体账号，推动现象级的人物或事件在社交媒体平台出圈，使城市电竞 IP 在短时间内"霸屏"，从而线上和线下互融互通，在网络空间中帮助年轻群体实现对城市电竞的文化认同与文化归属，通过多种举措帮助上海改善城市电竞的立体化传播能力，全方位提升城市的电竞文化叙事效果，弥补在"社会影响力"指标方面的短板，巩固"全球电竞之都"的建设成果。

二是培养电竞人才，储备电竞传播的中坚力量。电子竞技行业已经成为全球性的娱乐产业，其规模已经超过了不少传统体育项目。电子竞技行业不仅吸引了大量的玩家，也吸引了大量的观众，许多电竞赛事的直播和录播在互联网上都会有大量的观看人数。电竞行业涉及游戏开发、赛事组织、赞助商、媒体报道、电竞培训等诸多领域。但目前并没有与之对应的完备的教育体系，这也限制了电竞行业的专业化和市场化趋势，因此建立完善的电竞教育体系至关重要。上海目前有 24 所高职高专院校，但电竞专业的开设却仍旧很少，未来可进一步推动上海相关高职高专院校开设电竞相关专业，提供高等教育和职业培训，培养电竞领域的各类专业人才，推动电竞教育的校园青年人才培养计划，提出高校绿色电竞倡议等。在电竞游戏人才层面，除了培养电竞选手和团队之外，还应当着力于培养游戏开发人员、美术设计师、音效师等相关人才；在媒体人才层面，应当推动培养电竞直播员、解说员、主持人、摄影师和视频编辑等专业人才；在法律人才层面，应当提供电竞法律和知识产权培训，培养电竞法律顾问、知识产权专家，确保电竞产业的合法权益。

三是参与规则制定，引领全球电竞产业发展。虽然上海已经初步建成"全球电竞之都"，但是上海电竞的国际影响力仍然有待提高。如要进一步巩固上海在全球电竞产业发展的核心位置，则须使上海成为电竞标准制定的策源地、资源要素的集聚地和第三方赛事的先行地。第一，上海需要加强与国际组织的合作，可以积极参与国际电竞组织，如国际电子竞技联合会（IESF），进入国际电竞规则的制定和协调领域；第二，上海可以定期举办电竞高峰论坛，邀请国际电竞领域的专家、学者和从业者，讨论电竞规则和标准的具体实践，推动规则的不断改进；第三，上海应制定符合国际标准的电竞法规和政策，以确保电竞产业的合法性和稳定性，保护电竞产业链各阶段的有序发展。通过多层次多角度的系统性推进，上海将有机会成为全球电竞发展的最为领先的城市，充分展现出自身开放包容、科技引领、追求卓越的城市人文精神，同时也为中国乃至全球电竞产业的发展贡献力量。

第八节　数娱 IP：关于上海打造游戏创新之城 IP 的思考

2021 年 12 月 10 日，有"游戏界奥斯卡"之称的 The Game Awards 将 2021 年度最佳移动游戏大奖颁给了米哈游科技（上海）有限公司旗下的《原神》。作为首个由中国开发团队研发的原创 IP 游戏，《原神》自 2020 年 9 月 28 日全球首次公开发行以来，交出了一份份亮眼的成绩单，其移动端曾创造 6 个月内吸金超 10 亿美元的强势纪录。《原神》的持续火爆也让世界见证了上海近年来在游戏行业的飞速发展与卓越成绩。近年来，越来越多的上海游戏企业通过出海迎来新增长，涌现出米哈游、莉莉丝、叠纸、鹰角等知名游戏企业。

上海游戏产业在全球影响力的持续提升，与上海游戏企业的创新发展密切相关。当前，上海游戏产业已具备相当不俗的全球影响力，在世界游戏产业发展格局中扮演着重要的引领角色，而相关游戏产品的持续出海与全球流行趋势也推动了上海在这一领域的全球形象的形成。可以说，上海"游戏创新之城"的 IP 形象已经具备雄厚的发展基础和推广优势，应进一步凝聚力量、整合资源，形成产业发展合力，在全球进一步打响游戏创新之城 IP，为上海游戏产业发展持续赋能。

一、上海游戏创新之城 IP 全球影响力持续提升的关键因素

近年来，上海的游戏出海战略进程持续加速，游戏创新之城 IP 的全球影响力持续提升，主要与下列几方面的因素有关：

第一，深厚的城市文化价值观念。上海作为中国共产党的诞生地，始终拥有积极奋进的城市精神风貌，不断弘扬奋斗有我的主人翁精神，不断增强"敢跟全球顶级水平对话的志气，强烈渴望建功立业的心气，艰苦奋斗、忘我工作的朝气"。这也让上海的游戏从业者形成了敬业、乐业、专业的职业特质和充满激情、富于创造、勇于担当的精神气质。

第二，独特的海派气质。上海所具有的海纳百川、兼容并蓄的城市气质为游戏企业出海创造了良好的营商环境。上海的国际化程度、文化底蕴、人才资源，有力地支撑了上海游戏企业走出国门，走向世界。通过不断发挥自身游戏产业优势，吸收游戏行业的各类优势资源，上海已形成了颇具特色的游戏产业运作模式，为上海文化软实力提升提供了强有力的文创产业资源。此外，上海包容谦逊的城市氛围也助力了游戏出海企业在拓展海外市场时广泛地吸纳本地的游戏人才，采用本地化的思维方式进行游戏的推广，从而更加积极地探索不同地区市场的独特性，实现游戏市场的本土化"量身定制"。许多上海游戏公司已经在全球各地建立了他们的分支机构和子公司，沐瞳科技正是其中之一。以游戏《MLBB》为例，沐瞳科技在其诞生之初就把它打造成了一个面向全球用户的集成游戏，并在国际上进行了多市场发布。这款游戏内部集成了超过20种语言包，当玩家启动游戏时，后台系统会根据他们所在的网络环境，自动为他们推荐合适的游戏语言、服务器、队友和对手类型。此外，还会根据各地的文化背景，为游戏设计合适的角色。因此，这款游戏在海外受到了当地游戏玩家的热烈欢迎。

第三，城市治理的完善模式。不断升级的现代城市治理能力为游戏出海活动提供了优质的服务设备和政策支持。近年来，上海正大力构建国际数字之都，致力于打造国际一流的营商环境。针对游戏产业发展规划、知识产权保护、行政效率优化等，上海推出了一系列相关政策，为本地游戏企业开拓全球市场提供了有力保障。通过首创游戏出海扶持计划——"千帆计划"，实现了外高桥、北虹桥的有机联动，并在原创数字内容生产、数字内容海外推广、外汇签证版权突破等方面为游戏企业出海提供新方向和新动能。作为国内游戏产业重镇，上海集中了全国80%以上的电竞企业、俱乐部、战队和直播平台，知名电竞俱乐部占全国48.7%。并形成了较为庞大的游戏产业集聚区，锻造出了一批原创内容丰富、核心技术领先、商业模式可持续的优质出海企业。

第四，自主创新的产业氛围。为打造更具澎湃活力的创新之城，上海坚持将创新放在发展过程的核心位置，这增强了游戏出海企业的自主研发实力和自主创新能力。对游戏产业而言，研发实力强的企业在全球市场上优势颇大，纯发行商受制于优质产品海外代理权难以获得，很难取得丰厚利润。近年来，上海自主研发网络游戏销售收入呈不断上升趋势。2023年上海自主研发网络游戏收入1037.86亿元，同比增长17.85%。丰富的原创IP体现出上海游戏强劲的发展活力。上海作为中国游戏出海的开创地和中心地，始终将创新作为自身发展的重要准则，几乎每一种游戏商业模式都可以在本地找到对应的企业。其中既有采用自主运营模式的企业，通过将生产销售的全过程都掌握在自己手中，降低在贸易战中的风险；也有采用独家代理、多方代理、平台打包等模式进行运营的企业，通过将游戏的市场运营等工作交给专业的游戏发行商或将不同游戏集中在同一平台进行发行，降低了游戏海外发行的未知风险。

第五，良好的人居环境。通过全方位培养人才，汇聚人才，并最终成就人才，上海为游戏出海提供了必要的人才支持和智力支撑。上海作为中国"电竞之都"，对电竞、游戏人才的需求量和平均招聘薪资均位居首位，相关人才平均招聘薪资达 12240 元，吸引了大批游戏人才聚集。同时，上海不仅仅是为了引来人才，更为了培养人才，留住人才。近年来，上海连续实现游戏产业销售业绩高速增长，这离不开上海打造的良好人才生态。通过为游戏人才提供良好的就业环境、居住环境，上海游戏产业在人才领域表现突出，本科及本科以上从业人员占比超六成，各类型人才资源较为丰富，同时，政府积极推动校企合作，强化本地游戏企业的人才吸收能力。例如，黄浦区政府率先启动校企共建人才培养基地，面向长三角乃至全国，建设"上海电竞开放实训中心"，提供精准培训。

第六，强调城市在全球传播过程中的"音量"和"音质"的重要性。在游戏出海的进程中，上海坚持以"上海电竞赛事＋游戏"模式推进国际化发展。同时，上海强调文化在游戏开发上的巨大作用，将传统文化元素融入游戏设计之中，并赋予其鲜明的民族个性及地方特色，形成独具特色的游戏文化。通过中国高质量传统文化标志的持续显现，成功规避了全球游戏市场的同质化竞争，为国产游戏的国际化树立了新的标杆。在游戏文化走向国际的旅程中，传统文化中所包含的珍贵资源为游戏带来了新的体验，这不仅为海外的玩家带来了前所未有的新鲜感，而且由于独特的产品特点，也相应地减少了游戏走向国际的难度。

第七，注重游戏的跨文化传播效果。以《原神》系列视频为例，通过独特的配音艺术和充满中国文化氛围的场景，成功地展示了浓厚的中国特色和情感，渲染出了浓厚的中国文化氛围，不仅将中国文化转化为游戏中的象征性符号，还将游戏输出扩展到了文化输出，使得海外的玩家也能共同体验和欣赏中华文化。同时，《原神》还将本土化的文化精髓融入游戏设计之中，使之更符合海外用户需求，从而吸引了众多粉丝的眼球，获得良好口碑。此外，莉莉丝的游戏《万国觉醒》因其卓越的品质和易于接受的画风，一经推出便刷新了SLG游戏的海外收入纪录。该游戏融合了与中国文化有关的各种元素和易于接受的卡通风格，为传统文化提供了一种全新的解读方式。

二、上海进一步打响游戏创新之城 IP 的着力点

未来，上海需要持续保持在游戏出海等领域的优势，不断寻求突破，持续提升上海游戏在全球的软实力，进一步在世界范围内打响游戏创新之城 IP。为此，可从以下五个方面着手：

第一，在游戏出海的过程中，除了要坚守自身的文化价值观念，还应当了解和认识当地文化、风俗和法律法规，尊重当地的文化和思想观念，求同存异，在充分调研受众偏好基础上，提供高质量的游戏产品和游戏服务。在游戏设计和运作过程中，应充分考虑不同国家和地区的网络、市场、金融等管理体系，提升游戏在地化转换的效率。

第二，继续发扬上海本地游戏企业的包容精神，积极开拓不同地区的海外市场，探索多样化的企业出海运作模式。同时着力打造游戏企业创新生态，不追求一家独大。继续深度落实游戏出海扶持计划——"千帆计划"，在支持头部游戏出海公司的同时，积极孵化中

小游戏企业和各类型游戏工作室，实现游戏出海的精品化、多元化。此外，要积极协助游戏出海企业，尤其是刚刚迈出国门或者自研产品的中小游戏开发者，提升应对跨境风险的业务能力，提升游戏企业海外交易的效率和安全性。

第三，不断提升上海游戏企业的自主创新能力，积极支持本土游戏企业探索支撑型核心技术。针对当前游戏行业发展趋势，应鼓励企业探索元宇宙背景下的未来游戏发展新思路、新设计和新布局，积极推动 VR、AR、MR、5G/6G、大数据、云计算等新型互联网通信技术在游戏领域中的应用，实现上海本土游戏公司在未来元宇宙环境中的引领和主导作用。

第四，持续打造良好的游戏人才培养生态。在游戏人才引进、人才培养方面积极探索新模式、新方法，努力吸引各类型游戏人才汇聚上海，为上海游戏出海提供源源不断的人才和技术支撑。

第五，要加强文化引导，继续发掘中国优质文化元素，促进出海游戏内容制作与中国文化的深度融合，提升上海游戏企业国际传播实力。高度重视中华传统文化元素的挖掘、呈现和传播，不断提升原创IP 的独特性、接受度和引导力，通过高质量的游戏打破国家间的文化壁垒和语言障碍。可以积极探索利用海外市场上的主流社交媒体平台，以游戏为核心，建立优质的粉丝社群，实现游戏的精准化营销，不断强化出海游戏产品的感染力、吸引力和影响力。

参考文献

1. 习近平:《高举中国特色社会主义伟大旗帜　为全面建设社会主义现代化国家而团结奋斗——在中国共产党第二十次全国代表大会上的报告》,人民出版社 2022 年版,第 46 页。

2. 徐剑:《构筑中国文化强国形象的全球识别系统》,《上海交通大学学报》(哲学社会科学版) 2022 年第 4 期。

3. 侯迎忠、玉昌林:《智能时代的国际传播效果评估要素:研究回顾与趋势前瞻》,《对外传播》2023 年第 1 期。

4.《国际传播能力指数方阵 2022 ——城市国际传播能力指数(详版)》,北京外国语大学国际新闻与传播学院网站,2022 年 6 月 4 日。

5. 姬煜彤、张强:《全球城市国际传播力指标体系研究——广州城市传播力的国际比较》,《中国名城》2019 年第 11 期。

6. 沈骑、陆珏璇:《全球城市外语能力指标体系构建》,《新疆师范大学学报》(哲学社会科学版) 2022 年第 2 期。

7. 韦路、陈曦:《2022 中国城市国际传播影响力指数报告》,《对外传播》2023 年第 1 期。

8.《专家学者为中国城市国际传播建言献策》,参考消息网,2024 年 1 月 26 日。

9.《〈2023 中国城市海外网络传播力建设报告〉发布》,中国日报网，2024 年 1 月 14 日。

　　10. 姚曦、郭晓譞、贾煜：《价值·互动·网络：城市品牌国际传播效能评价指标体系建构》，《新闻与传播评论》2022 年第 4 期。

　　11. 刘金波：《超大城市国际传播能力建设研究》，《新闻与传播评论》2022 年第 6 期。

　　12. 孙萍、邱林川、于海青：《平台作为方法：劳动、技术与传播》，《新闻与传播研究》2021 年第 S1 期。

　　13. 曾庆香、陆佳怡：《新媒体语境下的新闻生产：主体网络与主体间性》，《新闻记者》2018 年第 4 期。

　　14. 徐剑、钱烨夫：《构筑数字时代的上海全球城市形象识别》，《上海文化》2023 年第 6 期。

　　15. 张丽平：《空间转向与生活美学：契合地方属性的城市形象影像再造》，《当代电视》2021 年第 12 期。

　　16. 吴飞、傅正科：《"数字共通"：理解数字时代社会交往的新假设》，《新闻与传播研究》2023 年第 6 期。

　　17. 曹贤忠、曾刚：《基于熵权 TOPSIS 法的经济技术开发区产业转型升级模式选择研究——以芜湖市为例》，《经济地理》2014 年第 4 期。

　　18. 匡海波、陈树文：《基于熵权 TOPSIS 的港口综合竞争力评价模型研究与实证》，《科学学与科学技术管理》2007 年第 10 期。

　　19. 李刚、迟国泰、程砚秋：《基于熵权 TOPSIS 的人的全面发展评价模型及实证》，《系统工程学报》2011 年第 3 期。

　　20. 徐剑：《国际文化大都市指标设计及评价》，《上海交通大学学报》(哲学社会科学版) 2019 年第 2 期。

21.［意］乔万尼·波特若:《论城市伟大至尊之因由》,刘晨光译,华东师范大学出版社 2006 年版,第 3 页。

22. Lynch Kevin, "The city image and its elements", *The city reader*, Routledge, 2015, pp.620—630.

23. Jaffe Eugene D., Israel D. Nebenzahl, *National image & competitive advantage: The theory and practice of place branding*, Copenhagen Business School Press, 2006, p.15.

24. Paolo Magaudda, Marco Solaroli, "Platform studies and digital cultural industries", *Sociologica*, 2020, 14(3), pp.267—293.

25. Anholt Simon, "The Anholt-GMI city brands index: How the world sees the world's cities", *Place branding*, 2006, 2, pp.18—31.

26. Richards Greg, Julie Wilson, "The impact of cultural events on city image: Rotterdam, cultural capital of Europe 2001", *Urban studies*, 2004, 41(10), pp.1931—1951.

27. Kammer Aske, "The mediatization of journalism", *MedieKultur: Journal of media and communication research*, 2013, 29(54), p.18.

28. Ash James, Rob Kitchin, Agnieszka Leszczynski, ed., *Digital geographies*, Sage, 2019, p.168.

29. Evangelos Triantaphyllou, *Multi-criteria decision making methods: a comparative study*, Springer, 2000, pp.18—22.

30. Hsu Li-Chang, "Investment decision making using a combined factor analysis and entropy-based topsis model", *Journal of business economics and management*, 2013, 14(3), pp.448—466.

后　记

　　全球城市形象的传播与城市 IP 的打造是随着城市经济社会发展和技术演进而不断动态变化的概念。在城市传播实践中，内容、主体、渠道所表现出的新特性恰恰意味着全球城市正共同面临着国际传播领域加速变革的现实格局。正如近年来不断涌现的 ChatGPT、Sora 等人工智能大模型对数字内容生产方式的改写一般，任何依赖于某种特定的媒介形式与平台载体的传播秩序都有可能迅速被新兴的技术和产品所颠覆。在这样的背景下，我们更加需要建立起围绕全球城市形象以及城市数字传播活动等相关议题的评价及分析工具，并将数字技术书写下的全球城市传播新形态转化为可以有效连接不同文化、区域乃至不同民族的共通性话语体系，以城市为节点推动实现更加广泛和深入的文化交流与文明互鉴。

　　本书关于全球城市形象数字传播指标体系构建的一大目标在于超越自身的视野局限，从全球比较的角度出发建立具有中国特色的城市形象评价模式。评价体系作为一种分析的标尺和准绳，是开展国际比较研究的基础工具，也是剖析中国城市在全球传播与形象塑造方面瓶颈问题的重要手段之一。研究发现，依托于城市数字基础设施及本土互联网企业的飞速发展，中国城市在城市国际传播矩阵建设、移动端数字传播渠道搭建、市民主体参与城市传播的积极性提升等方面的成效已经初步显现，并在城市形象的全球传播中发挥了现实作用，推动了中国城市在全球传播效果层面的能级跃升。但同时也要在全球比较中深刻认识到：与国际顶尖城市相比，中国城市在具有世界吸引力的传播内容生产以及城市文化全球影响力等方面还有十分明显的差距，这对于面向全球用户与世界话语的城市文化数字化转化与传播能力建设提出了新的要求。

城市形象的数字传播是一项系统工程，其中的每一个环节都可能会影响到城市形象数字传播的结果表征。本书的探索结果进一步揭示了数字时代全球城市形象传播的多主体、多元化特征。尽管指标的评价更多地面向数字平台上的数据表征，但其背后所反映的是每一个个体所参与的传播活动。正如乔万尼·波特若所说，"城市的伟大则被认为并非其处所或围墙的宽广，而是民众和居民数量及其权力的伟大"。全球城市在打造自身城市 IP 方面的生动实践表明，"人人传播"作为全球城市形象数字传播新格局下的一个典型特征，需要从城市形象的塑造和推广方式等角度加以系统审视。中国城市形象向全球舞台的不断迈进，既依赖于数字技术进步所带来的新的形式和渠道，也需要更多普通人、平凡人所讲述的中国故事，需要充分激发全社会的多元主体力量，通过数字传播挖掘反映城市美好生活与文化特色的 IP 故事，通过小微视角的故事讲述和个性化的创作打造具有中国式现代化风范魅力的城市形象。

本书面向数字媒介对于全球城市传播的过程的变革作用这一关键议题，从内容、渠道、主体、效果等层面探索构建指标体系，并对全球 30 个城市进行了实证性的测量和比较，但在评价方法、指标内容、研究范围等方面依然还存在一些局限性。同时，本书对于典型全球城市的数字形象进行了分析，并对代表性城市的数字 IP 建设经验进行了提炼，总结了上海在打造城市 IP 方面的实践路径与发展趋势。由于城市 IP 的概念和实践尚处于起步和快速发展阶段，本书所呈现的内容作为一种探索性的分析旨在带给读者关于城市数字形象、城市 IP 建设方面的一些启发，而在系统性和科学性方面仍需要进一步提升，从而形成更加具有指导意义的城市 IP 识别与发展理论。

自 2021 年以来，研究团队关注到城市传播中加速演进的"数字转向"等变革性趋势，围绕城市形象数字传播、城市 IP 打造等前沿课题开展了一系列智库研究，并得到了上海市哲学社会科学规划办公室、上海市委外宣办（市政府新闻办）、上海市委宣传部发改办、上海交通大学等单位的鼎力支持和精心指导。刘怡、宁传林、沈郊、李晨、王更、郭贞祎、黄尤嘉、李硕硕、高远、赵心悦、陈芷韵、王维佳、寇育晰、高紫越、华伊然、陈晨、邓生涛、蒋子悦、徐佳悦、刘彦怡、李晓璇、袁欣瑶、陈韵仪、高岚、韩昜旭等老师和同学为相关研究作出了贡献。本书的顺利完成离不开研究团队长期以来的坚定探索与精诚合作，是大家集体智慧的结晶。

未来，城市形象数字传播的全民参与度、个体传播力、平台辐射面将随着城市数字化进程的深入而进一步提升和扩大。面向新时代，我们需要把推进文化自信自强摆在更加突出的位置，瞄准数字技术发展的前沿方向，对全球城市形象数字传播的新特征、新动向展开更多更加深入的研究，将"人人传播"的共同价值充分运用到国际传播实践之中，构建具有鲜明中国特色的战略传播体系，着力提高国际传播影响力、中华文化感召力、中国形象亲和力、中国话语说服力、国际舆论引导力，更好地向世界展示中国式现代化的光明前景，从而在未来数字世界的全球竞争中真正彰显文化自信自强，真正构建起具有国际影响力和全球竞争力的具有中国气派、中国精神和中国美学的全新城市形象，为推进中国式现代化提供更为主动、更为强大的精神力量。

感谢上海市哲学社会科学规划办公室倾力打造的"上海智库报告文库"的大力支持。作为上海市新型智库建设的重要品牌，"上海智库报告文库"让越来越多的优秀智库研究成果得以落地转化，并面向公众进行传播。感谢上海人民出版社编辑团队的耐心打磨，正是他们严谨、细致、专业的工作，才能使本书在最终呈现时增色良多。由于作者水平有限，成书过程中难免纰漏，不足之处，敬请读者批评指正。

作　者

2025 年 4 月

图书在版编目(CIP)数据

上海 IP ：全球城市形象数字传播与文化创新发展 /
徐剑，钱烨夫著. -- 上海 ：上海人民出版社，2025.
ISBN 978-7-208-19298-0

Ⅰ. G127.51-39

中国国家版本馆 CIP 数据核字第 2024HL1218 号

责任编辑　郑一芳

封面设计　汪　昊

上海 IP：全球城市形象数字传播与文化创新发展
徐　剑　钱烨夫　著

出　　版　上海人民出版社
　　　　　（201101　上海市闵行区号景路 159 弄 C 座）
发　　行　上海人民出版社发行中心
印　　刷　上海中华印刷有限公司
开　　本　787×1092　1/16
印　　张　13.5
插　　页　2
字　　数　153,000
版　　次　2025 年 6 月第 1 版
印　　次　2025 年 6 月第 1 次印刷
ISBN 978 - 7 - 208 - 19298 - 0/G・2206
定　　价　60.00 元